Cristina!

Dios te ama -

esperando para que decides regresar

al hogar

David Rosen

Jan 15 '08

LA INTIMIDAD CON DIOS

CÓMO VIVIR EN LO SOBRENATURAL

Daniel Casanova

WESTBOW® PRESS
A DIVISION OF THOMAS NELSON & ZONDERVAN

Puede hacer pedidos de libros de WestBow Press en librerías o poniéndose en contacto con:

WestBow Press
A Division of Thomas Nelson & Zondervan
1663 Liberty Drive
Bloomington, IN 47403
www.westbowpress.com
1-(866) 928-1240

ISBN: 978-1-4908-3996-7 (tapa blanda)
ISBN: 978-1-4908-3995-0 (tapa dura)
ISBN: 978-1-4908-3997-4 (libro electrónico)

Library of Congress Control Number: 2014910556

Impreso en los Estados Unidos de América.

Fecha de revisión de WestBow Press: 06/10/2014

Índice

Agradecimientos

Quiero agradecer a Dios que es quien me sustenta. Él principia todo intento de intimidad conmigo cada día. He descubierto que Él está muy interesado en mantener ese tiempo devocional.

Gracias a mis amigos, que tuvieron la amabilidad de leer el manuscrito y alentarme a continuar escribiendo.

Expreso mi agradecimiento a la Iglesia Bautista Oasis de Amor, que ha tenido mucha paciencia al escuchar mis estudios y sermones por más de veinte años. Mis hermanos de Oasis de Amor han sido los conejillos de India, a quienes primero les expuse los conceptos planteados en este libro. Mi amada iglesia, a quien le debo tanto por tantos años de apoyo. Al mirar a tras, y ver lo mucho que ellos han tenido que aguantar (tantos desaciertos, errores, y experimentos fallidos), me doy cuenta que he sido un pastor bendecido. Porque, a pesar de mi mismo (tengo que reconocer que yo he sido el primer enemigo de Oasis de amor), Dios ha sido fiel y ha mostrado su misericordia grandemente. Gracias, mi querida iglesia, por su paciencia.

Gracias a mi familia, mi esposa Betsaida y a mis dos hijos, Jonathan y Samuel. Un abrazo a todos, los quiero mucho.

Gracias, a todas las personas, que han pasado por mi vida y que de una manera u otra han bendecido mi vida. ¡A todos, Gracias!

Introducción

La vida del cristiano es una vida sobrenatural, creada por el poder sobrenatural de Dios y debe vivirse en lo sobrenatural. Cualquier otra cosa no satisface los deseos de Dios para el cristiano.

En este libro expreso lo que he aprendido durante mi tiempo devocional. Mi deseo es que le pueda ayudar a vivir la vida en abundancia que ofrece Cristo en Juan 10:10 « *Yo he venido para que tengáis vida, vida en abundancia.*» Aunque la realidad es que, a veces nos descuidamos y nos alejamos de la comunión de Dios y comenzamos a vivir «religiosamente», sin gozo y sin poder espiritual.

En Lucas capítulo 15 está la historia del hijo pródigo, que es mi historia, tu historia, nuestra historia.

Como el hijo pródigo, nos hemos alejado poco a poco de la comunión del Padre, distante de Su dirección y bendición. Es fácil ir perdiendo la intimidad con Dios, y de forma bien susceptible hacer el trabajo para Dios, y no tener intimidad con Él. Cuando se llega a ese nivel, comenzamos hablar de Dios, pero sin conocerlo. Cuando el *hacer la obra de Dios ocupa el lugar del Dios de la obra*, caemos en idolatría. Y la idolatría, no agrada al Dios que pretendemos servir. ¡Qué ironía! ¿Verdad? El *hacer* se convierte en algo más importante que el *ser.* Pero es muy peligroso, porque nos vamos alejando lentamente de la única persona que nos ama de verdad, y la que nos bendice con bendiciones duraderas. El éxito del cristiano no es hacer algo para Dios, es dejar que Dios haga algo a través de su vida.

Cuando uno está lejos de la intimidad con Dios no solo malgasta recursos valiosos, sino que comete error tras error, y vive en pecado de rebeldía, se hace esclavo de pasiones humanas y comienza a pasar por una crisis espiritual. Más triste aun, vive de crisis en crisis. El cristiano sin la intimidad con Dios es como el pueblo de Israel en el tiempo de los jueces; pasa de un ciclo de bendición a ciclo de rebeldía, de castigo, de arrepentimiento y restauración de parte de Dios. Sin embargo, lo más importante cuando estamos en una crisis no son las circunstancias que nos llevan a ella, sino cómo vamos a reaccionar ante la crisis.

Dice la historia bíblica narrada en el evangelio de Lucas capitulo 15, que *el hijo había desperdiciado todo, pero volvió en sí y dijo: Voy a regresar al hogar.* ¡Cuánta energía, dinero, tiempo y oportunidades perdidas! Alejado de la comunión con Dios, desperdiciamos nuestros recursos. Un día recapacitamos como el hijo pródigo. Las circunstancias de la vida van creando una crisis que duele y nos sentimos como el hijo pródigo humillado, y con deseos de pedir perdón y regresar al hogar.

¿Tiene usted el espíritu lleno de sentimientos de culpa y bochorno? ¿Cansado de luchar en la carne? ¿Ha tratado inútilmente de triunfar sin el apoyo de su Padre celestial? ¿Lleva un estilo de vida casi al borde de la hipocresía?

Cuando uno trata de vivir la vida cristiana mediante esfuerzos humanos es extremadamente difícil, termina fracasando y tristemente se descubre, que sin la llenura del Espíritu Santo es imposible la vida abundante que prometió Cristo.

Este libro nace de una crisis espiritual; nace de la necesidad de buscar a Dios con un corazón genuino, de querer recobrar el primer amor, la pasión por Cristo y un deseo profundo de encontrar la intimidad con Dios en medio de un vacío espiritual.

Mi deseo es que a medida que lo lea, Dios le revele Su persona, Su voluntad y Su poder para hacer cosas *grandes y maravillosas.* Comience a ver la vida cristiana en la tierra no como un acontecimiento o un punto de llegada. La vida cristiana es un proceso, un viaje maravilloso junto a la persona más maravillosa que pueda usted conocer.

Dios quiere manifestarse a través de usted. Pero primero, usted debe aprender el secreto de su intimidad. No hay nada que pueda superar la intimidad con Dios y por lo tanto, debe ser una prioridad en nuestra vida.

¿Está satisfecho con su vida cristiana? ¿Está feliz con el rumbo que lleva su ministerio?

Quizá no esté en la misma situación del hijo pródigo o donde yo estuve. Es posible que esté satisfecho con su vida espiritual. Su ministerio está creciendo, y todo le va bien. ¡Le felicito! Usted pertenece a un grupo selecto. Puede dar testimonio de su misericordia, bondad y poder sin haber tenido que pasar por una etapa de crisis.

Yo, por el contrario no puedo decir lo mismo, y a veces me da vergüenza admitir el proceso de crisis espiritual por el que he tenido que pasar. Por un lado, no estaba satisfecho. Estaba *cansado y cargado,* triste por el rumbo que llevaba mi vida y mi trabajo en la iglesia. Era como si Dios estuviera dándome señales de advertencia; pero yo no las veía, o no las quería ver. Sin embargo, un día, bajo una fuerte convicción de pecado, el Espíritu Santo me mostró que era un cristiano y un líder carnal en lugar de ser un cristiano y un líder espiritual. Al final del libro encontrará la evaluación que me hice, y por la cual descubrí lo mal que estaba en lo personal y en lo ministerial. También el Espíritu Santo me enseñó que la condición en que me encontraba se debía a que había descuidado mi intimidad con Él, que los cambios que yo deseaba en mi vida y ministerio no se iban a lograr, al menos que comenzara a pasar tiempo con Dios. Cristo es una persona viva, su tumba está vacía, Él es Rey y Señor, y exige una obediencia incondicional y para poderlo conocer tenía que pasar tiempo con El.

Comprendí que tenía que empezar a tratar al Espíritu Santo como una persona real, y cercana a mí.

Otra cosa que Dios me ha enseñando es que Él no quiere mi felicidad, sino mi obediencia. Comienzo a ser feliz a medida que soy obediente al señorío de Cristo. Este es el secreto de la felicidad, la obediencia.

La felicidad nace de mi tiempo a solas con Dios. En un principio ese tiempo comenzó como un proceso difícil en obediencia, pero que con el tiempo se ha ido convirtiendo en una cita diaria de amor que no puedo saltar. Estoy aprendiendo que, aunque el compromiso de mantener todos los días el tiempo devocional implica un *sacrificio y tiene su precio*, poco a poco está dando paso a la transformación espiritual de mi persona y mi ministerio. Cada día me doy cuenta de que el acto de obediencia reaviva la llama casi extinguida del primer amor.

Este libro es acerca de la *restauración y la transformación.* Entiendo que debo dejar detrás mi pasado. A Dios no le importa el pasado que Él perdona; a Dios solo le interesa el presente y el futuro. No importa lo que hice o fui. Satanás no puede usar eso para esclavizarme a un pasado que no puedo cambiar, y nada logro con lamentar. Alguien en algún momento me dijo: *Dios cuando perdona deja las cosas atrás*, y *lo que fue, y no es, es como si nunca hubiera sido.* Esas palabras iluminaron mi mente, y trajeron paz a mi corazón.

Examine la Biblia, y se dará cuenta de que Dios solo usa a personas pecadoras, imperfectas e incapaces en sus fuerzas humanas. ¿Sabe el porqué? Porque esas son las únicas personas que hay en este mundo. Lo que hace la diferencia en las personas es la gloria de Dios en sus vidas. Cada vez que Dios muestra su gloria marca el comienzo de algo grande y sobrenatural que planea hacer. La gloria de Dios revelada a esos hombres y mujeres bíblicos fue el paso decisivo, un cambio transcendental en sus vidas.

Hoy, Dios hace lo mismo cuando se revela a nuestra vida. Solo tenemos que decirle: *Señor, quiero conocerte íntimamente y me comprometo a tener una cita contigo todos los días. Aparto un tiempo especial para reunirme contigo.*

Ahí está la clave de lo que usted anda buscando. No se quede en el hueco de la depresión, pensando que Dios no lo ama, o que ya rebosó la copa de su misericordia. Alguien dijo: *Dios no espera que cambies para amarte; Él te ama para que cambies.* Eso es una palabra de esperanza para usted. Levántese, confiando en que así como sus *buenas obras* no le impresionan a Él, tampoco los pecados suyos. Él lo conoce como usted es; y a pesar de eso Él busca la intimidad con usted por medio de Jesucristo.

¿Qué quiere decir *por medio de Jesucristo?* Quiere decir que podemos acercarnos a Dios teniendo en cuenta lo que Cristo hizo en la cruz en nuestro lugar; no en lo que somos y podemos hacer. Recuerde que no es por las buenas obras, o méritos que podamos ganar por un buen comportamiento.

Me gustaría que se haga estas preguntas: ¿Estoy satisfecho con el rumbo que lleva mi vida cristiana? ¿Tengo que hacer un cambio? ¿Creo que la vida cristiana es imposible vivirla, y por eso he caído en una indiferencia total a tal punto que no veo la razón para hacer lo correcto? ¿Pienso que Dios está tan distante y ocupado en cosas más importantes que yo? ¿Me resulta fácil pasar una hora frente al televisor, pero para leer la Biblia no tengo tiempo? ¿Mis oraciones son más un acto religioso que una conversación?

Yo también me he hecho esas preguntas en algún momento de mi vida. Me he dado cuenta de que la respuesta a todas esas preguntas es la misma, y en este libro digo lo que he descubierto a medida que paso tiempo con Dios. La tesis del libro es que todos nuestros problemas se solucionan pasando tiempo con Dios cada día. Nada somos y nada podemos lograr fuera de la intimidad con Dios. Si pasa por alto esta idea, su matrimonio, su ministerio y su vida van a seguir iguales. No importa la iglesia a la que asista, los retiros espirituales, los mensajes que oiga, ni los consejeros matrimoniales a que vaya. Su vida no va a cambiar. Solo pasando tiempo a solas con Dios está la solución a todas sus interrogantes.

Es triste decir que el setenta y cinco por ciento de los cristianos están viviendo vidas vacías, sin poder espiritual, sin una transformación genuina. En nuestras iglesias hay muchos hombres y mujeres religiosos, pero pocos son verdaderos seguidores comprometidos con Cristo. Tristemente andan buscando soluciones *mágicas e instantáneas a* los problemas. Quieren usar a Dios como un hacedor de milagros, sin querer conocerlo íntimamente. Nadie va a conocer a Dios sin pasar tiempo con Él. Deje de buscar soluciones *mágicas. Eso no existe.* Usted no necesita un milagro, sino que necesita a una persona. Conocerla pasando tiempo con ella, descubrirá su gloria y poder.

¿Está en medio de una crisis? ¿Quiere darle un giro a su vida espiritual? ¿Está cansado de hacer las cosas por rutina, religiosidad o por compromiso? *Cuando estés cansado y abatido, Dile a Cristo,* dice un himno muy antiguo. La crisis es buena, puede ser el camino a la transformación total de su vida.

En el hoyo de la desesperación, de la decepción o del cansancio, el hijo pródigo se aferró a tres principios a fin de tener la fuerza necesaria para regresar al hogar. Primero, el ser un hijo, lejos del hogar, pero hijo. Aunque hay momentos en que pueda dudar de su salvación, dentro usted sabe que es *hijo.* Cristo murió por sus pecados, y usted está a salvo por gracia. No hay nada que pueda hacer para merecer el cielo. Segundo, el Padre es bueno y lo ama. El hijo estaba seguro de que si regresaba humillado y arrepentido, su padre lo recibiría y lo perdonaría. Nuestro Padre celestial es bueno, y por sus misericordias no nos destruye, por el contrario nos levanta en bendición.

La tercera verdad que le dio fuerza al hijo pródigo para regresar es saber que él no era un cuidador de cerdos. Dios lo ha salvado a usted para un propósito grande; para que sea un reflejo de Su gloria, no para *alimentar cerdos.* Por otro lado, el sentido de llamamiento es la fuerza invisible que le mantiene creyendo aunque su fe sea débil. La convicción de que Dios le ha elegido, no porque usted es perfecto, no porque lo merece, ni porque nunca va a cometer errores. Él le permite levantarse y dar los pasos en el camino de la restauración. Dios lo ha llamado a estar en el plan redentor del pecador. Dios nos creó para que seamos sus socios. Es más, creo que esa es la razón más poderosa por la que estamos vivos. Él quiere que le demos gloria siendo un instrumento en sus manos.

Ya usted se dio cuenta de que las razones para buscar la intimidad con nuestro Padre celestial son nuestra identidad como hijo, el amor incondicional del Padre y el sentido de propósito en la vida.

Cada paso que daba el hijo pródigo hacia el padre, era un paso doloroso lleno de vergüenza, pero él en poder, se alejaba de *los cerdos, y se acercaba a su hogar.* De repente, ya desde lejos, se dio cuenta de que el padre salió a recibirlo a mitad de camino, para ayudarle a llegar. Así como al hijo pródigo, Dios sale al rescate de usted. Él sabe que solo no puede. Con sus propias fuerzas se le hace imposible la comunión con Él. Dios sale a su encuentro. No es acerca de usted, todo es acerca de Su amor incondicional, mucho más grande de lo que merece o entiende usted. Y así, como el hijo pródigo, mal oliente, cansado, avergonzado, abraza al padre, le pide perdón, y ruega por una nueva oportunidad para estar en el hogar de su comunión. Entonces descubre que se quita el peso de la culpa y se pone un nuevo vestido. Le brinda un nuevo amor por Él. Le recuerda con el anillo de su Espíritu Santo que es de Él, y que su posición en Jesucristo es perfecta. Y lo más asombroso es que, cubre sus pies desnudos con los zapatos de Su comunión para que ande todos los días con la conciencia de Su presencia en su vida y lo reconozca en todos sus caminos. Hace una fiesta en honor de usted, y de forma sobrenatural comienza a experimentar un gozo y una paz interior que se siente como si estuviera en las nubes.

¿Está perdiéndose la fiesta? Dice el relato bíblico que, cuando el hijo mayor se enteró de que el padre había ordenado la fiesta en honor al hermano menor, se enojó mucho y no quería entrar en la casa. Quizá su historia es diferente a la del hijo que no ha desperdiciado su vida y no necesita regresar al hogar. Quizá se parezca más a la del hijo mayor. Entonces dele gracias a Dios, viva con humildad pensando que bien podría haber sido usted el hijo derrochador de las bendiciones del padre. Todos en algún momento de nuestra vida nos hemos alejado de la intimidad de nuestro Padre celestial. Unos más que otros, hemos sido como el hijo menor. Pero, quizás ahora crea que no ha sido usted tan malo, y sus celos, o su arrogancia, o su actitud de crítica o de condena, no le deja disfrutar de la fiesta de celebración.

¡Entre en la fiesta, que es gratis!

Cuando entendí que me había alejado de la intimidad con mi Padre celestial, y que necesitaba acercarme a Él, ese día me arrodillé y oré como nunca había orado y le dije: «*Señor, aquí estoy, sin pretensiones porque tú conoces lo más profundo de mi corazón. No soy digno ni de que me escuches, pero aquí estoy dispuesto a humillarme y a obedecerte. Me rindo ante ti, quiero conocerte en la intimidad de tu Gloria, perdóname. Mi vida pasada, con mis logros y fracasos; con mis faltas, errores y pecados, no la puedo cambiar. Hoy renuncio al pasado y miro al futuro con fe de que me amarás, y solo estas esperando pasar tiempo conmigo. Desde hoy, voy a buscar la intimidad contigo, a través de mi tiempo devocional.»*

Esa es la oración más poderosa que he hecho en mi vida. Cada vez que pienso cómo ha sido mi vida en el pasado, me admira darme cuenta de cómo Dios ha sido paciente conmigo, y me ha dado la oportunidad de regresar a su comunión. Ha usado la crisis espiritual y emocional para llevarme a sus pies. En algunas personas no es así. No ha sido a través de una crisis, ni problemas; se han acercado a Dios naturalmente y han estado en su bendición todo el tiempo.

Este libro es acerca de la *gracia. Gracia es* favor no merecido, es algo que recibimos como regalo. Toda nuestra vida, todo lo que somos y tenemos es *por la gracia divina.* Nada merecemos. Lo único que merecemos es el infierno y el castigo de Dios. Pero Él, en su infinita misericordia y amor nos regala Su perdón y Su intimidad cada día. A medida que voy *conociendo más* de cerca la gracia de Dios, voy experimentando una gran sensación de paz y un profundo agradecimiento por todo, especialmente por la salvación en Jesucristo. Ahora quiero vivir en lo sobrenatural, en el centro de su intimidad.

Es mi deseo que cada día usted se acerque más a Dios, y que su intimidad con Él mejore, para que pueda escribir su historia como testimonio poderoso, ante aquellos que dudan o no creen que Dios es un Dios real, cercano a los que lo buscan. Dios es una persona que anhela la comunión con sus hijos.

La idea del libro es más simple de lo que cree, ¡pero le va a costar toda *la vida!* Va a exigir de usted *no parte* de su tiempo, *ni parte* de sus sentimientos o pensamientos; sino TODA la vida. No se puede amar a Dios a tiempo parcial.

Una vida en lo sobrenatural conoce la gloria de Dios, vive bajo la unción del Espíritu Santo, está consciente de la presencia de Cristo resucitado, experimenta la transformación de la vida carnal a la espiritual y refleja la gloria de Dios en una transfiguración visible ante el mundo. Un mundo que, aunque no quiere a los cristianos, no tiene defensa ante la gloria de Dios reflejada en sus vidas.

Capitulo 1

La Revelación de La Gloria de Dios

El propósito principal en todo lo que Dios es y hace…es su gloria.

Debemos poner su gloria en primer lugar. La gloria de Dios es lo más importante. Todo existe para dar gloria a Dios. Todo comienza y termina con Dios. Dios tiene que revelarse a nosotros para que podamos ver su gloria. Hay que conocer acerca de Dios y acerca de su gloria, pero más transcendental aún es conocer a la persona de Dios. Una cosa es conocer acerca de una persona y otra cosa es conocer íntimamente a esa persona.

«Levántate, resplandece porque ha venido tu luz, y la gloria de Jehová ha nacido sobre ti. Porque he aquí que tinieblas cubrirán la tierra, y oscuridad las naciones; mas sobre ti amanecerá Jehová, y sobre ti será vista su gloria» (Isaías 60:1-2)

«Porque la tierra será llena del conocimiento de la gloria de Jehová, como las aguas cubren el mar.» (Habacuc 2:14)

Ha llegado el momento en nuestra vida en que debemos entender que la gloria de Jehová Dios está sobre nosotros, que la persona del Espíritu Santo está en el cristiano y que ese conocimiento tiene que llenar la tierra.

¿Qué es la gloria de Dios? y ¿Cómo se manifiesta en los hombres?

La gloria de Dios se describe en lenguaje humano como «resplandor», «luz blanca».

- Todo comienza con la gloria de Dios.
- Todo lo que existe en la creación es para la gloria de Dios
- El cristiano debe buscar conocer acerca de Dios y de su gloria; pero sobre todo, un conocimiento aun más poderoso es que él es una vasija de su gloria.
- Todo cambio importante en el hombre comienza con un claro entendimiento sobre la gloria de Dios.
- Todo acontecimiento importante en la vida del pueblo judío en el Antiguo Testamento comenzó con la revelación de la gloria de Dios.
- Veamos algunos pasajes bíblicos que nos hablan de la gloria de Dios.

Éxodo 24:17. *La gloria de Jehová era como fuego abrasador.*

Éxodo 40:34. La gloria de de Jehová lleno el tabernáculo.

1 Reyes 8:11. Los sacerdotes no pudieron ministrar por causa de la gloria.

Juan 1:14. *Vimos su gloria.*

Lucas 2:8. Aparecieron ángeles a los pastores; y *la gloria del Señor* los rodeó de resplandor.

Mateo 16:27. El hijo del hombre vendrá en gloria.

Mateo 19:28. El trono de su gloria.

Juan 17:5. *La gloria que tuve contigo antes que el mundo fuese.*

Apocalipsis 5:12. *El Cordero que fue inmolado es digno de tomar la honra y la gloria...*

Salmo 19:1. *Los cielos revelan la gloria de Dios.*

Si la naturaleza inanimada revela la gloria de Dios, mucho más nosotros tenemos la responsabilidad de hacerlo. Jesús nos ordenó revelar la gloria de Dios. En el evangelio de Mateo, Él nos dice: «*Vosotros sois la luz del mundo.*» (Mateo 5:14). Y esa luz, ¿Qué es?

El cristiano no puede ser luz por sí mismo; no tiene la capacidad de producir luz. Por lo tanto, no piense que es su responsabilidad *producir la luz.* Usted no es la fuente de luz; usted solo puede *revelar* la luz, la gloria de Dios, que reside en su interior. La palabra *revelar* significa «correr el velo», «dejar ver». Para que el mundo pueda ver la luz de Cristo en nuestra vida, el velo de nuestra naturaleza humana tiene que correrse y nuestros pecados tienen que echarse a un lado. Esas dos cosas no las puede hacer con sus esfuerzos. Tiene que depender de Dios; aun en palabras más especificas, acercarse cada día más a Dios a través de su tiempo devocional. Nunca podremos reflejar la luz de Dios en nuestra vida sin intimidad con El.

Las siguientes verdades son importantes:

(1) Primera verdad, el cristiano entiende que la tierra tiene que llenarse del conocimiento de la gloria de Dios.
(2) Segunda verdad, el cristiano comprende que tiene parte en el plan de Dios, para hacerle saber al mundo de esa gloria; *tiene que ser luz en medio de las tinieblas.*
(3) Tercera verdad, el cristiano entiende que el pecado de la desobediencia es la cortina, o velo que impide que la luz de Cristo se manifieste en su vida. Entonces decide ser obediente; pero como no puede ser obediente con sus

propias fuerzas, debe buscar la intimidad con Dios. Por medio de Cristo resucitado y vivo encontramos el poder. Él mismo lo dijo: «*Yo soy la luz del mundo, el que me sigue,* (el que pasa tiempo conmigo), *no andará en tinieblas, sino que tendrá la luz de la vida.*»

(4) Cuarta verdad, empieza a pasar tiempo en comunión con Cristo, la luz verdadera, la fuente de luz. Eso va a garantizarle que su estilo de vida sea transparente, y que reciba la luz que necesita dar.

(5) Quinta verdad, a medida que pasa tiempo con la luz, empieza a correr el velo de su humanidad, y se va manifestando la luz. El comportamiento de la luz de Cristo en la vida del cristiano es como sigue: a más obediencia, más luz. Por esa razón la marca del discípulo de Cristo es la obediencia, no hay otra. Todas las demás, el amor, la humildad, la capacidad de perdonar se desprenden de la obediencia. A través de la obediencia, conocemos a Dios. 1 Juan 2:1-6.

LA GLORIA DE DIOS EN EL ANTIGUO TESTAMENTO

Cuando sacó a Israel de Egipto, Dios fue delante de los israelitas en una "columna de nube" y en una "columna de fuego". Era el símbolo de su presencia entre su pueblo. *«Y Jehová iba delante de ellos de día en una columna de nube, para guiarlos por el camino y de noche en una columna de fuego para alumbrarles, con el propósito de que anduviesen de día y de noche».* (Éxodo 13:21)

Después de la entrada en Canaán, esa nube de gloria se estableció en el lugar más santo, en el interior del tabernáculo, sobre el arca de la alianza. Más tarde, en la historia del pueblo judío, en la consagración del templo por parte de Salomón, la gloria de Dios cubrió todo el templo de tal manera que los sacerdotes ya no podían quedarse adentro para ministrar por causa de la nube (1-Reyes 8:10-13; 2-Crónicas 5:13,14; 7:1-3).

Cabod

La palabra CABOD también tiene el mismo significado de *gloria.*

La palabra *gloria*, tal como se emplea en la Biblia, es en hebreo *kabod* y en griego *doxa* (de donde proviene el término doxología).

Ambas palabras se emplean en las Escrituras relacionadas con dos conceptos principales:

- «Honor», «alabanza», «estima» y aquellas cualidades distintivas que conllevan honor o admiración.
- «brillo», «brillantez» que emanan de o rodean a algún ser u objeto radiante, o «esplendor», «resplandor».

Orville Swindoll, en su artículo acerca del significado de la palabra *doxología,* explica: «La palabra doxología proviene de dos palabras griegas que aparecen con frecuencia en el idioma original del Nuevo Testamento; una es *doxa*, que significa «brillo, esplendor, gloria» y, a veces, «alabanza, honor» como respuesta a Dios; la otra es *logos*, que significa «palabra, expresión». Doxología, entonces, quiere decir una expresión de alabanza. Es una expresión verbal de la gloria y majestad de Dios. En la versión griega del Antiguo Testamento, *doxa* sustituye a la palabra hebrea kabod, que significa gloria u honor. Se usa para referirse a la forma en que alguien se presenta, su aspecto, su apariencia, o sea, la manifestación de una persona.»

Éxodo 16:6-10 «6 *Entonces dijeron Moisés y Aarón a todos los hijos de Israel: En la tarde sabréis que Jehová os ha sacado de la tierra de Egipto, y a la mañana veréis la gloria de Jehová; porque él ha oído vuestras murmuraciones contra Jehová; porque nosotros, ¿qué somos, para que vosotros murmuréis contra nosotros? Dijo también Moisés: Jehová os dará en la tarde carne para comer, y en la mañana pan hasta saciaros; porque Jehová ha oído vuestras murmuraciones con que habéis murmurado contra él; porque nosotros, ¿qué somos? Vuestras murmuraciones no son contra nosotros, sino contra Jehová. Y dijo Moisés a Aarón: Di a toda la congregación de los hijos de Israel: Acercaos a la presencia de Jehová, porque él ha oído vuestras murmuraciones. Y hablando Aarón a toda la congregación de los hijos de Israel, miraron hacia el desierto, y he aquí la gloria de Jehová apareció en la nube.»*

Shekiná

En el idioma hebreo bíblico, la palabra *shekiná* venía de una raíz que significa literalmente habitar o morar, se deriva del verbo hebreo 'sakan' o 'shachan' - que significa morar o residir y se empela para denotar la habitación o morada de la gloria de Dios.

La palabra se emplea con frecuencia para referirse a los nidos y a la costumbre de las aves de habitar en ellos. De la misma manera, en el pensamiento judío se refiere a la habitación o morada de la presencia divina.

El pueblo judío empleaba la palabra *shekinah* para referirse a la presencia de Dios en el tabernáculo y después en el templo de Salomón.

Dios también habló a Moisés a través de *su gloria* en una zarza ardiente.

El término SHEKINÁ quizá sea uno de los términos que más trabajo da llegar a la conclusión de su significado. Para el pueblo hebreo «shekinah», significaba la manifestación de Dios en un lugar específico escogido como morada.

Aunque la palabra "Shekinah" no está en las Escrituras como sustantivo, sí se encuentra en su connotación verbal que describe la «presencia» de Dios en un sitio específico. Luego con el tiempo, el concepto *shekinah* toma otro significado como «la luz», pero el término se refiere a luz divina no a cualquier luz. Y aunque la palabra en sí no se encuentra en la Biblia, se refiere a la morada, habitación donde esta Dios. La idea se expresa en esta palabra: «Dios que habita, que mora entre los hombres». Es un concepto fundamental tanto en el Antiguo Testamento, como en el Nuevo Testamento. A fin de que tenga un concepto más completo, debe leerse junto con la palabra «gloria», presencia de Jehová.

En Números 16.42 la nube oculta y revela la presencia de Dios.

Moisés en el monte Sinaí

En el libro de Éxodo se lee:

«Entonces Moisés subió al monte y una nube cubrió el monte. Y la gloria de Jehová reposó sobre el monte Sinaí, y la nube lo cubrió por seis días: y al séptimo día llamó a Moisés en medio de la nube. Y el parecer de la gloria de Jehová era como un fuego abrasador en la cumbre del monte, a los ojos de los hijos de Israel.» (Éxodo 24:15-17).

Después más adelante en Éxodo 33:18-23:

«Él [Moisés] entonces dijo: Te ruego que me muestres tu gloria. Y [Dios] le respondió: Yo haré pasar todo mi bien delante de tu rostro, y proclamaré el nombre de Jehová delante de ti; y tendré misericordia del que tendré misericordia, y seré clemente para con el que seré clemente. Dijo más: No podrás ver mi rostro; porque no me verá hombre, y vivirá. Y dijo aún Jehová: He aquí un lugar junto a mí, y tú estarás sobre la peña; y cuando pase mi gloria, yo te pondré en una hendidura de la peña, y te cubriré con mi mano hasta que haya pasado. Después apartaré mi mano, y verás mis espaldas; mas no se verá mi rostro»".

Es interesante notar cómo Moisés le dice a Dios que quiere ver su gloria. Y Dios le responde, te mostraré «todo mi bien... y proclamaré el nombre de Jehová.»

Mi bien: literalmente «mi hermosura» o «mi excelencia». La versión de los setenta se traduce como «mi gloria».

Sigamos viendo lo que dice el texto para descubrir en realidad a qué se refiere cuando dice: «todo mi bien... y proclamaré el nombre de Jehová»:

También, en Éxodo 34:5-7 «*Y Jehová descendió de la nube, y estuvo allí con él, proclamando el nombre de Jehová. Y pasando Jehová por delante de él, proclamó: ¡Jehová! ¡Jehová! fuerte, misericordioso y piadoso; tardo para la ira, y grande en misericordia y verdad; que guarda misericordia a millares, que perdona la iniquidad, la rebelión y el pecado, y que de ningún modo tendrá por inocente al malvado; que visita la iniquidad de los padres sobre los hijos y sobre los hijos de los hijos, hasta la tercera y cuarta generación*».

He aquí la gloria, el nombre de Jehová, que no es otra cosa que EL CARÁCTER de Dios. Su infinita «misericordia» (que en realidad significa amor en el original), su justicia perfecta, todo lo que encierra su carácter. Dicho de otro modo, cuando Dios está revelando Su gloria, está mostrando su carácter al hombre.

La gloria de Dios en el libro de Isaías

Isaías tiene una visión de la gloria de Dios. Esa visión le dio una idea clara de lo que representaba. Algo tan sublime y bello llegó a ser tan personal en la vida de Isaías.

«*Yo Jehová, este es mi Nombre, y a otro no daré MI GLORIA, ni MI ALABANZA a esculturas...Den GLORIA a Jehová y anuncien SUS LORES en las costas* (Isaías 42:8-12).

«*Ahora, así dice Jehová, Creador tuyo, oh Jacob, y Formador tuyo, oh Israel: No temas, porque yo te redimí; te puse nombre, MÍO eres tú...todos los llamados de MI NOMBRE; para GLORIA MÍA los he creado, los formé y los hice.*» (Isaías 43:1-7).

«*Vosotros sois mis testigos, dice Jehová, y MI siervo que yo escogí, para que ME conozcáis y creáis, y entendáis que Yo mismo SOY; antes de MÍ no fue formado Dios, ni lo será después de MÍ. Yo, yo Jehová, y fuera de MÍ no hay quien salve. Yo anuncié y salvé e hice oír y no hubo entre vosotros Dios ajeno. Vosotros, pues, sois MIS testigos, dice Jehová, QUE YO SOY DIOS.»* (Isaías 43:10-12).

«Este pueblo he creado PARA MÍ; MIS ALABANZAS publicará.» (Isaías 43:21).

«POR MÍ, POR AMOR DE MÍ MISMO lo haré, para que no sea amancillado MI NOMBRE, y MI HONRA no la daré a otro.» (Isaías 48:11).

Todas las palabras en mayúsculas son para enfatizar los aspectos antes mencionados sobre la gloria de Dios.

La visión de Isaías en el capítulo 6

La visión de la Gloria de Dios fue una experiencia que cambió totalmente la vida y el ministerio del profeta Isaías. Antes de esta experiencia, ya Isaías era profeta, de modo que este no fue el inicio de su ministerio profético, pero este sí fue el inicio de un ministerio en lo espiritual con una dimensión más profunda en Dios. Isaías pasó a un nivel más profundo en la intimidad con Dios.

El profeta Isaías nos comenta en el capítulo 6 que «*Por encima de él había serafines; cada uno tenía seis alas; con dos cubría sus rostros, con dos cubría sus pies, y con dos volaba. Y el uno al otro daba voces, diciendo: Santo, Santo, Santo, Jehová de los ejércitos; toda la tierra está llena de su gloria». (*Isaías 6:2 - 3)

En primer lugar, DIOS REVELÓ A ISAÍAS SU GLORIA.

La visita de Isaías al templo fue en el año que murió el rey Uzías (v. 1), un reinado que duró cincuenta años. Se muere un rey e Isaías contempla la visión de otro Rey, el Rey de reyes. Había pasado una etapa de estabilidad y el pueblo se enfrentaba a un período de incertidumbre. Todos se preguntaban qué traería el futuro, la agresión cada vez mayor de Asiria y sus incursiones en territorios vecinos agravaban esta incertidumbre.

La visión de Dios marca una nueva dirección en la vida del profeta Isaías, una reafirmación de su llamado, dándole un carácter más solemne a su función como profeta al proclamar el juicio y la restauración de Dios con respecto al pueblo de Israel.

Dios quiere que la gente en todo el mundo vea su gloria --la manifestación de sus atributos divinos.

La revelación muestra a Dios sentado en un trono muy alto. La figura del Rey de reyes. La punta de su manto llenaba el templo, figura del que moraba en el lugar Santísimo. Dios estaba presente en la vida del pueblo.

Isaías ve en visión a los serafines en adoración. La posición de los serafines es importante, estaban de pie, listos para actuar en obediencia al Rey, estaban *por encima de Él.* En la posición de Isaías, él lo describe por encima, pero no quiere decir *más alto que...* Nadie puede estar más alto que el Rey. Las alas de los serafines: dos para cubrir sus rostros, dos para cubrir sus pies, dos para volar. Las alas que cubrían su rostro indican que aún los Ángeles no pueden tolerar el resplandor de la Gloria de Dios. Las alas que cubrían sus pies indicaban que todo lo que hacían, ministraban, era por Dios y por la cara de Dios. Eso está implícito en la frase de Pablo, "*todo lo que hagáis, hacedlo de corazón como para el Señor, y no para los hombres*" (Colosenses 3:23). Las alas con que volaban representaban la rapidez con que tienen que cumplir las órdenes de Dios.

El canto de los serafines es significativo: *Santo, Santo, Santo.* No hay atributo de Dios más esencial que su santidad. Es por eso, más que por cualquier otra cosa, que las criaturas celestiales le adoran. Está conectado con la Santa Trinidad, y con el énfasis de elevar la naturaleza de Dios a tres veces santo.

La gloria de Dios en el cielo y en la tierra: *toda la tierra está llena de su Gloria.*

La oración del Padre Nuestro, dice: *«venga tu reino, hágase tu voluntad, como en el cielo así también en la tierra...»* (Mateo 6:10)

En segundo lugar, DIOS REVELÓ A ISAÍAS SU CONDICIÓN ESPIRITUAL

El efecto de la gloria de Dios es sobre la casa que se llenó de humo y se estremecieron las paredes.

Así como se estremecieron las paredes, se estremeció el corazón de Isaías.

A Moisés, la gloria se le manifestó como fuego en una zarza, aquí se manifestó como humo llenando la casa, pero el propósito es el mismo: indicar que aquel lugar '*se declaraba lugar santo, consagrado para Dios.*'

La presencia hacia aquel lugar, un lugar especial. *«"¡Ay de mí! que soy muerto»* (v. 5)

Isaías conocía la sentencia que Dios le proclamó a Moisés en el libro de Éxodo 33:20, donde le dice que no podría ver su rostro, porque no le vería hombre, y viviría.

Por esa razón Isaías exclama, que *«siendo hombre inmundo de labios, y habitando en medio del pueblo que tiene labios inmundos, ha visto mis ojos el Rey, Jehová de los ejércitos.»*

Ante la santidad de Dios, Isaías se da cuenta de que su vida está lejos de ser limpia. Su confesión se centra en sus labios por una serie de razones. Los labios de los serafines habían proclamado la santidad de Dios y, por el contrario, se dio cuenta de que sus labios no habían podido dar testimonio de la perfección de Dios. Dice la Biblia que de la *«abundancia del corazón habla la boca.» (*Mateo 12:34*).* Isaías se sentía sucio, no solo por sus palabras, también por los pensamientos y sentimientos.

Además, el instrumento principal que usaba Isaías como profeta eran sus labios. Era natural, por lo tanto, se concentraba en ellos. Quizás él sentía que aunque no hablara palabras impuras, no tenía un corazón compasivo. A veces no es lo que se dice, sino cómo se dice, lo que indica si estamos actuando bien. Isaías no estaba confesando que hablaba palabras inadecuadas, sino que tenía una actitud inadecuada, debido a su propia frustración con el pueblo. Cuán frágil es nuestra condición humana, que fácil caemos en pecado al querer defender la causa de Dios con palabras o métodos que Dios no ha ordenado. En lugar de hablar palabras inspiradas por el Espíritu Santo, hablamos palabras con inspiración humana solamente, es decir en 'la carne'.

Isaías también reconoció la situación en que se encontraba el pueblo. Un pueblo de *labios inmundos;* un pueblo que se había alejado de Dios yendo tras el paganismo de las naciones vecinas, siendo desobediente a los mandamientos.

Al tocar la boca de Isaías, Dios no sólo enfrenta a Isaías en el punto preciso de su necesidad, sino que también lo toca en el lugar que simboliza su llamado como profeta. Con el toque, no hiere sus labios; mas, lo prepara para hablar cosas espirituales. Hay una intervención espiritual en la vida de Isaías antes de hacer de nuevo su función de profeta.

La gracia de Dios se manifestó en la limpieza o purificación, perdonando su pecado y llamándolo al santo ministerio de la proclamación del mensaje divino.

La comisión de Isaías no era fácil, requería una preparación espiritual extrema. Su trabajo era proclamar el arrepentimiento, sin desanimarse por la respuesta del pueblo y por la duración de su ministerio.

En tercer lugar, DIOS REVELÓ A ISAÍAS LA CONDICIÓN ESPIRITUAL DEL PUEBLO.

El capítulo seis del libro de Isaías marca el comienzo de una misión especial en el ministerio profético de Isaías. Es el antes y el después de la transformación espiritual. Es la diferencia ante un ministerio formado por los recursos humanos y un ministerio fortalecido por el Espíritu Santo. Ahora tiene una visión clara de Dios, entiende mejor sus motivaciones humanas y comprende el gran peligro en que se encontraba el pueblo. Pero lo más impresionante es su respuesta basada en un corazón lleno de gratitud y compasión.

Isaías comprendió ese acto no sólo como de salvación, sino también de comisión. Después de la purificación de Isaías, Dios habló, e Isaías se puso a disposición de Dios (v. 8). Su vida ya no era suya.

Dios tenía interés en la condición del mundo y Dios tenía confianza en la potencialidad de Isaías. El llamamiento de Isaías indicaba que él era la persona que Dios tenía para ese momento y trabajo. Dios creía en Isaías, él era el más indicado. Dios le daría las fuerzas para predicar un mensaje fuerte, impopular y sin mucha respuesta positiva de parte del pueblo. Dios llama, Dios prepara, Dios bendice. Y la bendición a veces viene como fuerza para saber resistir el desánimo y la dureza de la audiencia.

La versión de la Biblia en el lenguaje actual traduce este pasaje de Isaías 6 de la siguiente manera:

Enseguida oí la voz de Dios que decía:

«¿A quién voy a enviar? ¿Quién será mi mensajero?»

Yo respondí: «Envíame a mí, yo seré tu mensajero».

Entonces Dios me dijo: «*Ve y dile a este pueblo:*

'Por más que oigan, no van a entender; por más que miren, no van a comprender'.»

»Confunde la mente de este pueblo; que no pueda ver ni oír ni tampoco entender.

Así no podrá arrepentirse, y yo no lo perdonaré».

Entonces le pregunté:

«Dios mío, ¿por cuánto tiempo tendré que predicar?.»

Dios me respondió:

«Hasta que todas las ciudades sean destruidas y se queden sin habitantes; hasta que en las casas no haya más gente y los campos queden desiertos.»

Después que el serafín toca sus labios, el profeta fue sensible a la voz de Dios y respondió de forma positiva al llamado, retomó su compromiso de ir como representante del Rey de reyes y Señor de señores.

Cristo nos dice: «Alzad vuestros ojos y mirad los campos que ya están listos para la cosecha», y hacen falta muchos Isaías que respondan: «*Heme aquí, envíame a mí.*»

Jesús dijo: «*La mies es mucha, los obreros pocos, rogad al Señor de la mies que envíe obreros.*»

De la única manera que vamos a renovar nuestro servicio al Señor, siendo sensible a su llamado, sí, como Isaías, tenemos una visión de la gloria de Dios, en Su santidad y en Su trono; nos sentimos con un gran peso de gratitud por haber sido perdonado y sanado espiritualmente.

La gloria en Ezequiel

Uno de los temas principales del libro de Ezequiel es precisamente el abandono de la gloria de Dios de su pueblo. La palabra «Gloria de Jehová» aparece más de 19 veces en el libro.

¿Cómo se manifestó la gloria de Jehová en el libro de Ezequiel?, y ¿Por qué abandonó el templo?

-se emplea la frase «gloria de Dios », para describir el esplendor y la majestad de Dios, una gloria tan grandiosa que ningún ser humano puede ver y vivir.

Esta es la misma gloria que guió a Israel en el desierto (Éxodo 40:36-38) y más tarde llenó el templo construido por Salomón (2ª Crónicas 7:1), y luego Isaías vio en el templo. (Isaías 6)

El punto central de los capítulos 10 y 11 es el abandono de la gloria y la presencia de Dios del templo y de la ciudad, esa gloria salió del lugar santísimo y se trasladó a la entrada del templo y se puso entre los querubines (v18.). La gloria de Dios se trasladó a la puerta oriental del templo (v.19) y para luego irse por completo del área del templo y por último la gloria se fue de la ciudad de Jerusalén y se puso sobre el monte de los olivos según el capítulo 11:23.

Este abandono lento y paulatino de Dios se debió al pecado y a la idolatría del pueblo.

Ezequiel 1:28, «*Fue la visión de la semejanza de la gloria de Jehová y cuando yo le vi, me postré sobre mi rostro y oí la voz de uno que hablaba...*»

Cuando el profeta ve la presencia de Dios, se postra en humillación (sobre su rostro). No puedes permanecer en pie ante la gloria del Altísimo.

Ezequiel era un sacerdote desterrado a Babilonia, la experiencia de Ezequiel es de profunda esperanza: Dios acepta su humillación y está dispuesto a realizar una nueva Alianza con ellos.

Era difícil mantener la fe en Jehová en tierra extranjera. Gran parte del pueblo sentía que había sido abandonado por Dios. La desesperanza era completa. Lo anota el propio Ezequiel, citando palabras de sus contemporáneos:

«*Se han secado nuestros huesos. Se perdió nuestra esperanza. El fin ha llegado para nosotros*» (Ezequiel 37,11).

Dios llama a Ezequiel (cap. 1-3) y se revela a él, como se reveló al profeta Isaías en Jerusalén. También Ezequiel la ve. Pero la ve en otro lugar. ¡No en Jerusalén! La visión de Ezequiel se da en el exilio, junto al río Quebar (1,3). «*Me levanté, y fui al valle. La gloria de Jehová ya estaba allí.*» (Ezequiel 3,23)

Ezequiel descubre que, aunque la presencia de Dios se había alejado de Jerusalén por el pecado del pueblo, ahora residía entre los exiliados. Este es un punto crucial, a partir del cual su profecía se vuelve una realidad. Este descubrimiento profético de Ezequiel representó un gran consuelo y ánimo para los exiliados. Ezequiel les daba la buena nueva de que también su Dios había hecho el mismo camino que ellos. Igualmente «venía del norte» (1:4) para estar con ellos en pleno exilio, en tierra extraña, en suelo de otras divinidades. Los deportados ya no estaban solos. Sus caminos no habían sido olvidados por Dios quien era profundamente solidario.

Dios quiere darle esperanza de un nuevo comienzo y una nueva Alianza y va a conseguir que los desterrados vuelvan a su tierra (36:22-30). Dios promete darles «un corazón nuevo» (36:26). «*Infundiré mi Espíritu en ustedes para que vivan según mis mandamientos.*» (36:27).

De todos estos pasajes bíblicos, podemos concluir que:

1. Dios habita entre los hombres por Su propia voluntad. Él descendía sobre el Tabernáculo, y luego sobre el Templo como señal de que moraba entre su pueblo Israel. Así desciende sobre el templo (1 Reyes 8.10) y habita allí entre querubines (Salmo 80.1; Isaías 6.1–9).
2. Dios permanece siempre Señor de Su presencia (Éxodo 19.9, 16, 18). Sus manifestaciones al hombre se realizan cuando Él quiere y como Él quiere. Es un acto de Su soberanía divina.
3. No se puede disponer de la presencia de Dios al deseo humano. No es cuando el hombre quiere, es cuando Dios quiere manifestarse al hombre. Hay que confiar en Él y obedecerle (Éxodo 13.21, 22; Éxodo 40.34–38). Cuando Dios se manifiesta es el momento en que el hombre puede responder. Mientras tanto, Dios está oculto al hombre.
4. Siempre que el hombre tiene *contacto con la gloria de Dios,* queda afectado poderosamente. Mira el caso de Moisés, cuando subió al Monte Sinaí. También representa un momento decisivo en la vida del hombre que va a cambiar su vida y ministerio para siempre.
5. Así como la conducta del hombre se afecta por la Gloria de Dios, la Gloria de Dios se afecta por la conducta del

hombre. Los profetas le declaraban al pueblo el peligro de que la presencia de Dios se alejara de ellos. El profeta Ezequiel ve en visión como la gloria de Dios abandona al pueblo producto de su pecado y dureza de corazón para arrepentirse. Y luego, en Ezequiel 43:7,9 describe cómo regresa. La desobediencia hace que Dios cubra Su gloria del hombre.

La gloria de Dios en el Nuevo Testamento

En el Nuevo Testamento el pasaje central sobre la encarnación es Juan 1.14: «*habitó entre nosotros, y vimos su gloria, gloria como del unigénito del Padre, lleno de gracia y de verdad.*», es una clara referencia a la *Shekiná*. Vea también Lucas 2.9; Mateo 17.5; 2 Pedro 1.17 encontramos manifestaciones alusivas directamente a fenómenos visibles o audibles que acompañaban esa presencia divina.

Ya en el Nuevo Testamento, *Shekinah*, que es morada, habitación, se utiliza también para gloria, luz resplandeciente. Donde se manifiestan la presencia de Dios es sinónimo a la gloria de Dios.

También se encuentran otras referencias en el Nuevo Testamento. Por ejemplo, Juan 17:22, donde Jesús dice: «*Y yo, la gloria que me diste les he dado; para que sean una cosa, como también nosotros somos una cosa.*»

En el Nuevo Testamento se usa la idea de la presencia o habitación del Espíritu Santo en el creyente. *Shekiná* está vinculado a la profecía en el cristianismo de la misma manera que en el judaísmo:

«*Porque la profecía no fue en los tiempos pasados traída por voluntad humana, sino los santos hombres de Dios hablaron siendo inspirados del Espíritu Santo.*» (2-Pedro 1:21)

Pero en ambos casos son sucesos en los que se evidencian claramente el gran poder y la gloria de Dios.

En el evangelio de Lucas está la historia de los pastores de Belén. En este pasaje, podemos estudiar la manifestación de la Gloria de Dios y la respuesta humana.

Veamos la historia en Lucas 2: 8-20 y notemos los elementos que hay en común con otras manifestaciones de la gloria.

Primero, la gloria de Dios lo cubre todo

Lucas 2:9, «*Y he aquí, se les presentó un ángel del Señor, y la gloria del Señor los rodeó de resplandor.*»

Segundo, la gloria de Dios produce reverencia

Lucas 2:9, «*Y he aquí, se les presentó un ángel del Señor, y la gloria del Señor los rodeó de resplandor; y tuvieron gran temor.*»

Tercero, la gloria de Dios marca el inicio de algo importante

Os ha nacido en la ciudad de David un Salvador..

Si estudias los siguientes pasajes del Antiguo Testamento, veras los mismos aspectos.

- La gloria de Dios en la zarza ardiente, marca el llamamiento de Moisés.
- La gloria en el Sinaí. Es el comienzo de la Ley (Éxodo 24)
- El tabernáculo (Éxodo 40:34). Comienzo del lugar de Adoración y sacrificio
- Dedicación en el templo. 1 Reyes 8:11
- El comienzo del ministerio de Isaías. Isaías 6
- La gloria del Señor que le apareció a los pastores de Belén. Lucas 2.
- Comienzo en la vida de los cristianos. Hechos 7:55. Esteban vio la Gloria de Dios y a Jesús que estaba sentado. Marca el comienzo de la iglesia y la persecución del cristianismo,

Cuarto, la gloria de Dios se revela al hombre para traerle un mensaje que necesita obedecer.

Lucas 2:12-14, «*Esto os servirá de señal: Hallaréis al niño envuelto en pañales, acostado en un pesebre.*

Y repentinamente apareció con el ángel una multitud de las huestes celestiales, que alababan a Dios, y decían: ¡Gloria a Dios en las alturas, y en la tierra paz, buena voluntad para con los hombres! Sucedió que cuando los ángeles se fueron de ellos al cielo, los pastores se dijeron unos a otros: Pasemos, pues, hasta Belén, y veamos esto que ha sucedido y que el Señor nos ha manifestado.

Ver. 16, Vinieron, pues, apresuradamente, y hallaron a María y a José, y al niño acostado en el pesebre.

El Señor Jesús dice en Lucas 9:62: «*Ninguno que ponga su mano en el arado y mira hacia atrás, está apto para el reino de Dios.*»

Lucas 14:33, «*Así, pues, cualquiera de vosotros que no renuncia a todo lo que posee, no puede ser mi discípulo.*»

Quinto aspecto de la gloria de Dios es que, nosotros podemos proclamar, mostrar la gloria a Dios. Cuando adoramos a Dios, le estamos dando más gloria a Dios.

Nuestro estilo de pensar y vivir glorifica a Dios.

Mateo 5:16. «*Así alumbre vuestra luz delante de los hombres para que vean vuestras buenas obras y glorifiquen a vuestro Padre que está en el cielo.*»

Juan 15:6... «E*n esto es glorificado mi Padre, en que llevéis mucho fruto.*»

1 Corintios 6:20. «*Glorificad a Dios en vuestro cuerpo.*»

No podemos prender el fuego, pero sí podemos atizar el fuego una vez que está encendido. No podemos encender el Espíritu Santo en nuestras vidas, pero no debemos dejar que se apague.

1 Pedro 4:11... «*Si alguno habla, hable conforme a las palabras de Dios; si alguno ministra, ministre conforme al poder que Dios da, para que en todo sea Dios glorificado por Jesucristo...*»

Así como el Salmo 19:1. «*Los cielos cuentan la gloria de Dios*», nosotros también podemos proclamarla.

Los aspectos que tienen en común todos los pasajes anteriores, son los siguientes:

- La gloria de Dios se hace visible.

Revelación significa quitar el velo humano para verla. No es algo que te esfuerzas para lograr; solo Dios decide cuándo mostrarse al hombre.

La manifestación de la Gloria de Dios produce reverencia. «*Estad quietos, y conocer que Yo soy Dios.*»

- Cuando se manifiesta la gloria de Dios en nuestras vidas, no podemos «hacer»; solo adorar.

Permíteme ilustrarle este punto. En el pasaje donde se narra la transfiguración de Cristo ante sus tres íntimos discípulos (Lucas 9:32), Pedro quería hacer una enramada. Pedro siempre está *haciendo;* ahora también quiere hacer, pero estaba equivocado. No era momento para hacer una enramada, era momento para adorar. Hay momentos para *confiar y contemplar* como *Dios* provee lo necesario. La mañana estaba llegando y el sol ya salía; ellos necesitaban la nube que los cubriera. La enramada iba a ser de utilidad, pero Dios tenía algo mejor. Nada de los esfuerzos humanos puede traernos salvación; es por gracia: *no es por obras para que nadie se glorié.* Dice la Biblia, que Dios tenía algo mejor: la nube le hizo sombra. El poder sobrenatural de Dios actuando; Dios proveyendo.

Hay momento para hacer, pero hay momento para 'estar quieto' y adorar.

¿Cuál es la reacción humana ante la gloria de Dios?

El temor reverente es la reacción del hombre que contempla la revelación de la gloria de Dios.

Hay otro punto significativo en este pasaje de la transfiguración de Jesús. (Lucas 9:28)

Pedro sugiere que se hagan enramadas porque eso era lo que él conocía. *Enramadas* eran «cabañas», casas de campañas formadas con ramas, era la idea de los tabernáculos. El tabernáculo era el lugar que tradicionalmente contenía la gloria de Dios, era un lugar conocido.

Los judíos celebraban la Fiestas de los Tabernáculos, donde cada familia hacía una cabaña fuera de su casa para recordar las vicisitudes del pueblo judío durante su deambular por el desierto, y la precariedad de sus condiciones materiales simbolizada por el precepto de morar en una cabaña provisoria, luego de la salida de la esclavitud en Egipto: «*A los quince días de este mes séptimo será la fiesta solemne de los tabernáculos a Dios por siete días.*» (Levítico 23:34).

En medio de la gloria de Cristo, Pedro sugiere hacer un Tabernáculo o Enramada. Parece algo ridículo. ¿Por qué algo así? Es muy simple, Pedro menciona lo que había visto hacer; estaba mirando al pasado, a lo conocido. Sin embargo, Dios tenía algo mejor para ellos; algo que miraba al futuro, a lo desconocido. La manifestación de la gloria de Dios siempre marca un punto hacia el futuro; un comienzo en el ministerio de Moisés, de Isaías, de Ezequiel, ahora en la vida de los discípulos. Hay algo de sobrenatural en cada revelación. Los caminos de Dios siempre serán más elevados que los caminos del hombre.

La nube de Dios le hizo sombra, era la gracia de Dios, Cristo comienza el pacto de la gracia. La revelación de la gloria de Dios siempre va a marcar un punto decisivo de partida en nuestra vida.

Efesios 3:16, 20... «*Que os dé, conforme a las riquezas de su gloria el ser fortalecidos con poder en el hombre interior por su Espíritu.*»

Jesucristo es «la sublime gloria de Dios» en el Nuevo Testamento. «*Vimos su gloria…*» dijo Juan. Hebreos 1:3, dice, « *en cual siendo el resplandor de su gloria y la imagen misma de su sustancia.*» Pablo lo llama «El Señor de la gloria» (1° Corintios 2:8), se transfiguró en gloria, mostró la gloria del Padre en su ministerio, resucitó en gloria, ascendió en una nube en gloria (Hechos 1:9), ahora se exalta en gloria (Apocalipsis 5:12-13) y volverá con poder y gloria gran. Mateo 25:31.

Capítulo 2

La Unción del Espiritu Santo en El Creyente

La vida cristiana es una gran aventura. Es una vida con propósito y poder. Por la unción o morada del Espíritu Santo se operan las más grandes transformaciones a favor del creyente. Dios revela su gloria para que nosotros le conozcamos; y nosotros en humildad nos rindamos a sus pies.

Cristo nos ha dado una promesa que nos parece increíble, *«De cierto, de cierto os digo: El que en mí cree, las obras que yo hago, Él las hará también; y aun mayores hará porque yo voy al Padre. Y todo lo que pidiereis al Padre en mi nombre, lo haré para que el Padre sea glorificado en el Hijo. Si algo pidiereis en mi nombre, yo lo haré.»* Juan 14:12-14

En nuestras propias fuerzas no podemos lograr esas grandes obras. Es Cristo mismo viviendo en nosotros con todo el poder de su resurrección, moviéndose mediante nuestro cuerpo, pensando con nuestra mente, amando con nuestro corazón, hablando con nuestros labios, quien nos capacita con el Espíritu Santo para hacer esas grandes obras. No es nuestra sabiduría, nuestra elocuencia, nuestra lógica, nuestra personalidad ni nuestra persuasión lo que traerá a las personas a los pies del Salvador. Es el Hijo del Hombre, quien vino a buscar y salvar lo que se había perdido, quien envió su Santo Espíritu para llenarnos y capacitarnos.

El conocer por revelación de la gloria de Dios, y la verdad de nuestra incapacidad humana es fundamental para entender la vida en intimidad con Dios. Por nuestros esfuerzos nunca podremos ser fieles, santos y limpios delante de Dios. Por nuestros esfuerzos no podemos tener un ministerio sano, creciente, eficaz. Nada que podamos hacer por nuestros propios esfuerzos traerá cambios permanentes.

¿Cuál es la definición de carnalidad?, ¿Qué hace a una persona carnal?

Una definición muy sencilla sería:

«Una persona es carnal cuando pretende *vivir la vida cristiana o persevera en ella, sin intimidad con Dios.»*

Tal vez sea usted un cristiano sincero, lucha por ser santo, por ser obediente, trabaja en un ministerio de la iglesia, está luchando por *hacer lo bueno,* puede ser que haga eso y mucho más; pero si usted está descuidando su tiempo devocional, no tiene tiempo para orar y leer la Biblia, usted es un cristiano carnal. Está olvidando lo más importante, la intimidad con Dios.

Su nivel de comunión con Cristo marca la diferencia si está viviendo en la carne o está viviendo en el Espíritu. Es un cristiano carnal si pretende vivir la vida cristiana sin intimidad con Dios.

En Efesios 5:16 Pablo escribió: «*Digo pues; Andad en el Espíritu, y no satisfagáis los deseos de la carne.*» Allí, en el versículo 19 enumera las obras de la carne: adulterio, fornicación, inmundicia, lascivia, idolatría, hechicería, enemistades, pleitos, celos, iras, contiendas, disensiones, herejías, envidias, homicidios, borracheras, orgías.

La versión de *Dios habla hoy* traduce esos versículos de la siguiente forma:

«Es fácil ver lo que hacen quienes siguen los malos deseos: cometen inmoralidades sexuales, hacen cosas impuras y viciosas, adoran ídolos y practican la brujería. Mantienen odios, discordias y celos. Se enojan fácilmente, causan rivalidades, divisiones y partidismos. Son envidiosos, borrachos, glotones y otras cosas parecidas. Les advierto a ustedes, como ya antes lo he hecho, que los que así se portan no tendrán parte en el reino de Dios.» (Gálatas 5:19-21).

Esas cosas mencionadas en Gálatas no son 'la carnalidad', sino las evidencias de la actitud del corazón. La carnalidad es una actitud del cristiano de vivir bajo el control de sus deseos y pasiones. Un cristiano que no es controlado por el Espíritu Santo es carnal. Y solo podrá ser controlado por el Espíritu, si pasa tiempo con Él.

«Andad en el Espíritu» es una expresión con igual significado que decir, vive cada día pasando tiempo de intimidad con el Espíritu Santo. *Andad en el Espíritu,* no se logra en un evento, en un culto de adoración, ni un día de ayuno y oración; es una búsqueda diaria del Espíritu Santo para que tome control de nuestra mente (pensamientos), de nuestro corazón (sentimientos); y nuestra voluntad (acciones).

Una vez más repito, las obras de la carne son las evidencias externas de la condición interna del corazón en desobediencia. El corazón es la raíz de donde nace y crece la actitud rebelde de desobediencia. Con frecuencia atacamos las obras de la carne, y no atacamos la raíz de donde todas ellas surgen. Un cristiano que no tiene intimidad con Dios vive en la carne, pues no es controlado por el Espíritu Santo.

¿Cuál es la diferencia entre religiosidad y cristianismo?

Religiosidad es querer agradar a Dios *haciendo algo para Él* en lugar de *pasar tiempo con Él* con el propósito de conocer más íntimamente Su Persona, Sus Promesas, y Su Poder.

Muchos de nosotros somos más religiosos que cristianos. Nuestra vida se convierte en una costumbre religiosa, sin poder espiritual para reflejar el carácter de Cristo.

¿Quién es el Espíritu Santo?

El Espíritu Santo es Dios. Él no es una «cosa». No es una influencia divina. No es una nube blanca como de algodón. El no es un fantasma ni un concepto; no es una corriente eléctrica que te emociona y te hace llorar. El verbo apropiado cuando se trata del Espíritu Santo no es *sentir,* sino *conocer.* El Espíritu Santo no se siente; se le conoce personalmente.

¡Cuánto énfasis hacemos en nuestras reuniones para *sentir al Espíritu Santo!* Es un énfasis equivocado; lo correcto es 'que podamos conocer' al Espíritu Santo íntimamente.

Él es una persona con: voluntad, intelecto y emociones. Por lo tanto, hay que tratarlo como *persona.* Y como persona, hay que amarlo pasando tiempo con Él. El amor nos lleva a querer compartir nuestra vida con la persona amada. Entonces si usted no tiene tiempo para leer la Biblia y orar, tiene un problema de amor, así de sencillo.

Su tiempo devocional es una cita de amor entre usted y el Espíritu Santo.

Él es Dios - con todos los atributos de la Deidad. Él es la tercera persona de la Trinidad - «igual» a Dios el Padre y Dios el Hijo. Hay un solo Dios pero manifestado en tres personas, a las que llamamos Trinidad.

¿Por qué envió Dios al Espíritu Santo?

El Espíritu Santo vino a glorificar a Cristo y guiar a los creyentes a Él. El Señor Jesús les dijo a sus discípulos, «*Mas el Consolador, el Espíritu Santo, a quien el Padre enviará en mi nombre, Él os enseñará todas las cosas y os recordará todo lo que os he dicho.»* Juan 14.

El Espíritu Santo vino para que conozcamos a Cristo a través del nuevo nacimiento y para darnos el poder que necesitamos para vivir una vida abundante y con propósito. Ese poder le capacita a compartir la vida abundante que usted vive y que Jesús prometió a todos los que confían en Él y le obedecen.

El Espíritu Santo inspiró hombres santos de la antigüedad a escribir la Biblia. Así como Él la inspiró, le revelará su verdad. El Espíritu Santo hace significativa la Palabra de Dios. La Biblia es un libro vivo, inspirado por el Espíritu Santo que produce vida.

Sin la persona del Espíritu Santo, es imposible que usted llegue a ser cristiano, que comprenda la Biblia y otras verdades espirituales, que ore, que viva una vida santa, que testifique o haga cualquier cosa para Dios. Sin el Espíritu Santo no puede vivir una vida santa, *«el fruto del Espíritu es amor, gozo, paz, paciencia, benignidad, bondad, fe, mansedumbre y templanza.»* (Gálatas 5:22).

Es el fruto del Espíritu no es mí fruto; no es algo que yo puedo producir con mis fuerzas.

Es imposible conocer a Cristo sin el ministerio regenerador del Espíritu. Fue el mismo Jesús de Nazaret quien dijo, *«El que no naciere de agua y del Espíritu, no puede entrar en el reino de Dios.»* Juan 3.

El fruto del Espíritu y los dones

El Espíritu Santo bendice al cristiano en el área de servicio a través de los dones espirituales, en el área del carácter de Dios *a través del fruto* del Espíritu.

El fruto del Espíritu Santo que se describe en Gálatas 5:22, son las manifestaciones de vivir en lo sobrenatural.

El Espíritu Santo en su vida moldea el carácter y transforma su personalidad en una personalidad controlada por Él. Esta es la quinta personalidad que los psicólogos y académicos olvidan mencionar. Dice la psicología que hay cuatro temperamentos o personalidades principales: flemáticos, coléricos, sanguíneos, melancólicos. Todas esas personalidades tienen fortalezas y debilidades. Pero el Espíritu Santo es el único que puede transformar las debilidades en fortalezas, dando la quinta personalidad. Entonces usted se convierte en un flemático o un colérico, o un melancólico, o un sanguíneo controlado por el Espíritu Santo.

La versión de Dios habla hoy lo traduce así: *«En cambio, lo que el Espíritu produce es amor, alegría, paz, paciencia, amabilidad, bondad, fidelidad, humildad y dominio propio. Contra tales cosas no hay ley.»* Gálatas 5:22-23, (DHH)

El Espíritu Santo en el cristiano

El Espíritu Santo bendice al cristiano dándole sabiduría para discernir entre lo bueno, lo malo y lo excelente. Alguien dijo en cierta ocasión que el verdadero enemigo de lo mejor es lo bueno. Estamos sufriendo de la enfermedad de lo bueno; nos hemos quedado ahí, estancados, teniendo la vida, pero sin ser la vida en abundancia que nos prometió Jesucristo.

También el Espíritu Santo da sabiduría para distinguir entre ataques de Satanás y errores humanos. Esta es un área donde el cristiano tiene mucha confusión. A veces, atribuimos las cosas malas que nos pasan a Satanás, cuando son productos de nuestros propios errores, y desobediencia. O por el contrario, queremos resolver situaciones negativas en nuestras vidas con principios humanos, en vez de usar nuestra autoridad espiritual en Cristo Jesús y atar toda obra satánica, que es padre de maldad y de mentira.

Cuando pasamos tiempo de intimidad con el Espíritu Santo, él nos revela si lo que estamos enfrentando son los ataques de

Satanás en la lucha espiritual o simplemente son consecuencias de actuar en la carne.

No se puede resolver problemas espirituales con metodología humana. Una vez hecho el diagnóstico correcto se puede aplicar la medicina correcta.

No hay momento en que el cristiano necesite más sabiduría que cuando está siendo atacado por Satanás. Hay guerra espiritual, y somos blancos de los ataques del enemigo. El cristiano está en guerra. La vida cristiana es una batalla en la que Satanás y sus huestes de maldad han de ser vencidos. Permíteme rectificar. La vida cristiana es una batalla en la que Satanás está vencido. Cristo alcanzó la victoria por nosotros. Pero, ¿Por qué hay tantos cristianos viviendo vidas derrotadas? Porque aunque Satanás esta vencido, el cristiano debe recordárselo todos los días. Ninguna autoridad tiene el enemigo sobre los hijos de Dios, al menos estos, deleguen esa autoridad cediendo a Satanás un poder que no tiene.

La revelación es el acto por el cual Dios se hace visible. Si queremos ver su gloria, tenemos que pedirle que se revele a nosotros. Y ese es el papel del Espíritu Santo.

El Espíritu Santo tipificado

Hay muchos elementos en la naturaleza con significados espirituales: el agua, el viento, la sangre, etc. El nombre para eso teológicamente es *tipos.* Un tipo es un elemento humano que transmite una verdad divina.

Por ejemplo, en la Biblia, el aceite es un tipo del Espíritu Santo. La mayoría de las veces que aparece la idea del aceite en la Biblia apunta al ministerio del Espíritu Santo entre los hombres.

Veamos el paralelismo entre la unción de aceite en la Biblia y la unción del Espíritu Santo en el creyente.

La unción con aceite en el Antiguo Testamento

El aceite en el Antiguo Testamento se usaba para sanar, para confortar, iluminar y para ungir a las personas con un propósito específico.

Cuando se ungía a una persona con aceite, se estaba representando la unción en el Espíritu Santo sobre el creyente en Cristo.

Ungir significa poner aceite o consagrar mediante la aplicación de aceite.

En el Antiguo testamento se ungía principalmente a tres personas: al leproso que era sanado. Y a dos personas las cuales estaban apartadas para Dios para un oficio delante de Dios: al rey, y al sacerdote.

La unción del leproso significaba salvación; y las otras dos, consagración y capacitación con el Espíritu de Dios para el ministerio dispuesto por nuestro Señor.

La unción del leproso

Después que el leproso era sano y obedecía las reglas de la limpieza, se presentaba ante el sacerdote levita para ser ungido con aceite. Cuando se detectaba un caso de lepra en el pueblo judío en el tiempo del Antiguo Testamento, el leproso debía presentarse ante el sacerdote de Jehová y este lo primero que hacía era aislarlo por siete días. Si al final de los siete días, mostraba que la lepra o mancha en la piel se había ido, la persona se tenía que purificar para ser reincorporado al pueblo de Dios.

En el libro de Levítico 14, dice que primero se hacía una ofrenda por el pecado con la ofrenda del sacrificio del cordero, y se untaba su sangre en la oreja derecha, el pulgar derecho y el dedo pulgar del pie derecho. Luego, se ungía con aceite también estos lugares, la oreja, y los pulgares del lado derecho, y lo que sobraba se aplicaba en la cabeza del enfermo.

***Levítico**14:14 «Y el sacerdote tomará de la sangre de la víctima por la culpa, y la pondrá el sacerdote sobre el lóbulo de la oreja derecha del que se purifica, sobre el pulgar de su mano derecha y sobre el pulgar de su pie derecho.»*

14:15 Asimismo el sacerdote tomará del log de aceite, y lo echará sobre la palma de su mano izquierda, 14:16 y mojará su dedo derecho en el aceite que tiene en su mano izquierda, y esparcirá el aceite con su dedo siete veces delante de Jehová.

14:17 Y de lo que quedare del aceite que tiene en su mano, pondrá el sacerdote sobre el lóbulo de la oreja derecha del que se purifica, sobre el pulgar de su mano derecha y sobre el pulgar de su pie derecho, encima de la sangre del sacrificio por la culpa.

14:18 Y lo que quedare del aceite que tiene en su mano, lo pondrá sobre la cabeza del que se purifica; y hará el sacerdote expiación por él delante de Jehová.»

La unción con aceite sobre el leproso sanado, no solo simbolizaba salvación, justificación, limpieza, sino también dedicación y restauración a la vida familiar y social.

La unción del sacerdote

En los capítulos 29 y 30 de Éxodo y el capítulo 8 de Levítico aprendemos acerca de la consagración de Aarón y sus hijos para el sacerdocio.

Éxodo 30:30 declara: «*Ungirás también a Aarón y a sus hijos, y los consagrarás para que sean mis sacerdotes.*»

Concerniente al uso del aceite santo de la unción, el versículo 29 explica: «*Con él ungirás el tabernáculo del testimonio... y los utensilios de adoración, y serán cosas santísimas, todo lo que tocare en ellos, será santificado.*»

Es claro, en los versículos anteriores, que cualquier cosa que el aceite de la unción tocara, era santo. Cuando Moisés derramó aceite sobre la cabeza de Aarón y sus hijos, fueron santos ante Dios, apartados del pecado para poder ministrar en el tabernáculo.

Esta fue una unción para la santidad, en otras palabras, para ser apartado para el servicio de Dios por medio de vivir santa y justamente. Así que, la unción sacerdotal nos enseña la consagración al servicio buscando vivir de manera que le agrada a Dios.

Desde Aarón en adelante, todos los sacerdotes eran ungidos para ser santificados de la misma manera. Había muchas cosas que un sacerdote no podía hacer debido a la santidad de su oficio. Debido a su unción, muchas cosas tenía que evitar. El era una persona dedicada a Dios, era especial.

La unción del leproso tipificó nuestra justificación, salvación; la unción sacerdotal representó nuestra separación para el servicio del Señor y para una vida santa.

- Apocalipsis 1:6 dice: «*Y nos ha hecho reyes y sacerdotes para Dios y su Padre.*».
- 1 Pedro 2:9 dice: «*... vosotros sois... real sacerdocio...*». El creyente en Jesucristo ha sido llamado a andar ante Dios como un sacerdote santo.

La unción del rey

Otra oportunidad donde se utilizaba el aceite en el Antiguo Testamento, es en la unción del rey. La unción del primer rey de Israel, Saúl, es descrita con las siguientes palabras: «*Tomando entonces Samuel una ampolla de aceite, derramóla sobre su cabeza de Saúl díjole: ¿No te ha ungido Jehová por capitán sobre su heredad?.*» (1 Samuel 10:1).

Leemos cuando David fue ungido rey para reemplazar a Saúl. «*Envió pues él [Isaí, el padre de David], e introdújolo [a David]; el cual era rubio, de hermoso parecer y de bello aspecto. Entonces Jehová dijo: Levántate y úngelo, que este es.*

Entonces Samuel tomó el cuerno del aceite, y ungióle de entre sus hermanos; y desde aquel día en adelante el Espíritu de Jehová tomó a David.» (1 Samuel 16:12, 13)

Cristo en griego y Mesías en hebreo, significa «El Ungido». Jesús introdujo Su ministerio al proclamar: «*El Espíritu del Señor es sobre mí, por cuanto me ha ungido para predicar... sanar... pregonar libertad... a los ciegos vista... poner en libertad...*» (Lucas 4:18).

Jesús aclaró que debido a que el Espíritu del Señor le había ungido podía estar capacitado para tener un ministerio efectivo. La misma regla se aplica a todo cristiano.

Cuatro aspectos de la unción del Espíritu Santo que refleja la relación con Dios:

(1) La unción del Espíritu Santo sobre el cristiano declara el sentido de propiedad. Ahora pertenece a Dios. El cristiano pertenece al pueblo especial; La unción del Espíritu Santo le acredita, y le certifica para el trabajo. Es la expresión visible de la gracia de Dios sobre él.

(2) La unción del Espíritu Santo lleva al creyente a una actitud de rendimiento. Rinde su voluntad a la de El. Pablo lo puso de la siguiente manera: «*Ya no vivo yo, mas vive Cristo en mí.*» El rendimiento es la acción de rechazar la carnalidad para ser lleno del Espíritu.

(3) La unción del Espíritu Santo permite al cristiano moverse en lo sobrenatural. «*No es con espada, ni con ejércitos, mas con su Santo Espíritu.*» Somos ungidos con su Santo Espíritu, porque solo con su Santo Espíritu podemos hacer algo de valor y duradero. La unción nos lleva a movernos al nivel de los milagros, a lo sobrenatural

(4) La unción del Espíritu Santo capacita al cristiano dándole las herramientas para poder vivir en lo sobrenatural; no

hay excusas para una vida mediocre y sin poder espiritual. Si el cristiano quiere vivir en lo sobrenatural, tiene *al Consolador, el ayudador.* No hay razón para vivir fuera de bendición de Dios. Hay una responsabilidad moral que afecta el estilo de vida. El cristiano tiene que cuidar su comportamiento cuando nadie está mirando. No podemos excusarnos detrás de: *no sabía, no podía, nadie es perfecto.* Usted puede, no por sus propias fuerzas, pero si por la unción que está en usted. El sí puede; y es capaz de hacer las cosas grandes y ocultas que ignoramos.

1 Pedro 4:11. «*Si alguno habla, hable conforme a las palabras de Dios; si alguno ministra, ministre conforme al poder que Dios da, para que en todo sea Dios glorificado por Jesucristo.*»

Este versículo dice:

1. Debemos ministrar conforme *al poder que Dios da.* Por lo tanto, esto habla de Unción. Dios te unge con poder.
2. Dios aumenta Su gloria a través de nuestro ministerio en el Espíritu, *para que en todo sea Dios glorificado.*
3. Dios es glorificado *por Jesucristo*; en otras palabras, todo lo que nosotros podamos hacer tenemos que hacerlo sostenido en Jesucristo, y basado en Su persona. Tenemos que ir a través de Jesucristo, su sacrificio, muerte y resurrección. Nada en la carne, glorifica a Dios; ningún esfuerzo humano sin el nuevo nacimiento logra algo. Tenemos que ir a través de lo que Cristo *es* e *hizo* en la cruz.

Capítulo 3

La Intimidad con Dios: Conciencia de su Presencia

El Espíritu Santo es la presencia de Dios viviendo en el cristiano. Esa verdad es muy clara en la Biblia; pero muchas veces no se es consciente de dicha presencia. A veces Dios se siente tan lejos, no se ve ninguna de sus manifestaciones, que hasta se llega a dudar de la salvación o que, Dios está interesado en la raza humana. Y aun él que dice creer en Dios, no le reconoce activo en su diario vivir.

El Espíritu Santo es una realidad desde los tiempos del Antiguo Testamento. Aunque, cuando venía sobre la persona, se retiraba de ella después de un tiempo. Sin embargo, Jesús dio la promesa de que el Espíritu Santo iba a estar con el creyente para siempre.

«*Y yo rogaré al Padre, y os dará otro consolador, para que esté con vosotros para siempre.*» (Juan 14:16,17).

El hecho más determinante en la vida del cristiano es que el Espíritu Santo mora en él. No puede haber un momento en la vida que esté sin la presencia del Espíritu Santo.

«*... mas vosotros no vivís según la carne, sino según el Espíritu... si alguno no tiene el Espíritu de Cristo, no es de* Él.» (Romanos 8:9).

Es una declaración firme, *si alguno no tiene el Espíritu...* significa que si la presencia de Dios no está morando en la persona, no es de Él. Entonces si usted es cristiano, el Espíritu Santo está en su vida en cada momento, esto es una verdad clara y definida.

La declaración bíblica de la presencia de Dios tiene varias implicaciones:

a. La presencia del Espíritu Santo es el centro de enfoque en la intimidad con Dios.

La Biblia dice que el Espíritu Santo nos anhela celosamente. Él produce en nuestra vida el querer como el hacer. Quiere decir, que el deseo de nuestro corazón de conocer más estrechamente a Dios es creado y patrocinado por el Espíritu Santo.

b. La presencia del Espíritu Santo es la base para orar con efectividad.

Según Romanos 8, el Espíritu Santo sabe las intenciones de Dios y su capacidad de intercesión es mayor que la de nosotros.

c. La presencia del Espíritu Santo nos capacita para andar como hijos de Dios.

El poder que necesitamos para vivir en santidad, y decirle que no al pecado, viene del Espíritu Santo.

La presencia del Espíritu Santo clama por una vida santa y obediente.

d. La rebeldía del cristiano entristece y apaga al Espíritu Santo.

1 Corintios 6:19. « *¿O ignoráis que vuestro cuerpo es templo del Espíritu Santo, el cual tenéis de Dios, y que no sois vuestro?*»

La morada de la gloria de Dios en el Antiguo Testamento se llamaba tabernáculo. Para el pueblo judío, al tabernáculo primero, y luego el templo eran los «lugares de la morada de la presencia de Dios»; Ahora en el Nuevo Testamento, tenemos el concepto que el cristiano es templo del Espíritu Santo donde mora la gloria de Dios.

Reconocimiento no es lo mismo que conocimiento

Una cosa es saber acerca de que el Espíritu Santo vive en el cristiano, y otra cosa es vivir en intimidad con el Espíritu Santo. Puede haber una distancia muy larga entre el conocimiento intelectual y el conocimiento experimentar.

Con mucha frecuencia el creyente *sabe* que Dios está con él, pero *sentiente que Dios está* muy lejos de Él. En otras palabras, no es consciente de su morada, ni es sensible a su influencia en su forma de pensar y actuar. No vive en el círculo íntimo de su presencia.

El conocimiento del Espíritu Santo implica:

1. Saber bíblicamente, forma intelectual, que Él vive dentro del creyente. Esto es *la morada del Espíritu.* La Biblia nos dice, y debemos creerlo, que el Espíritu Santo mora en el cristiano debe el momento de creer en Cristo para salvación.
2. Vivir en un estado consciente de su presencia. Esto la Biblia lo llama, el *andar, el caminar en el Espíritu.* Dios es una persona y merece ser tratada como tal.
3. Sensibilidad a sus deseos, y dejarse guiar por Él. Esto es lo que la Biblia llama el *Control total, la llenura con* *Espíritu Santo.* No es tener más del Espíritu Santo,

cristiano tiene todo el Espíritu Santo que va a tener en toda su vida.

En el evangelio de Lucas hay un pasaje muy importante, si queremos vivir con la *sensación de la cercanía de Dios.*

Dice Lucas 11:13. «*Pues si vosotros, siendo malos, sabéis dar buenas dadivas a nuestros hijos, ¿Cuánto mas vuestro Padre celestial dará el Espíritu Santo a los que le pidan?*»

Un dato interesante para poder interpretar este pasaje claramente es que **no tiene nada que ver con la salvación o nuevo nacimiento; tiene que ver con la comunión o intimidad con el Espíritu Santo.**

El cristiano no tiene que pedir para que el Espíritu Santo venga a morar en su vida, eso es un hecho que se realiza en el momento de aceptar a Cristo; sin embargo el cristiano sí tiene que pedir que su comunión sea hecha realidad en su vida. En otras palabras se ora a Dios Padre, que dé las *manifestaciones del Espíritu Santo,* no su presencia.

Jesús está diciendo que si se quiere la intimidad o comunión con el Espíritu Santo, se tiene que pedir, desear, buscar; y que Dios va *a obrar todo* lo necesario para que se haga una realidad.

Esa es una oración que siempre Dios va a contestar. Él va a dar el regalo de su presencia siempre y cuando se desee y se pida con sinceridad.

El fin y los medios

Aclaremos la diferencia entre el *fin y los medios.* La línea medios es tan fina que a veces no se deja ver

imidad con Dios, y los *medios* son: Nuestro la oración constante, la lectura de la Biblia

No se puede confundir entre *fin y medios*. Por ejemplo, la meta no es tener el tiempo devocional; ese es solo un medio. La meta es acercarse más cada día a Dios. Practicar el tiempo devocional es una herramienta necesaria e imprescindible para la intimidad.

No se debe permitir que la *actividad del tiempo devocional* se convierta en la meta, hasta el punto que se olvida que lo más importante es la comunión real y personal con Dios.

No deje que el tiempo devocional se convierta en una actividad religiosa más, monótona y carente de vida. Es fácil caer en la rutina religiosa y sentirnos satisfechos de haber cumplido. Se puede llegar a tener el tiempo devocional, como cuando Pedro quiso hacer las enramadas; y perder el tiempo de la adoración y contemplación de la presencia de Dios.

El propósito del tiempo devocional no es que usted se levante temprano, tome la Biblia, lea un pasaje bíblico, ore una oración apurada, y crea que ya cumplió. Si su tiemplo devocional diario se convierte en eso, ha perdido todo propósito espiritual.

LOS TRES ELEMENTOS EN LA INTIMIDAD

Veamos los tres elementos de la intimidad con Dios:

1. **El primer elemento en la intimidad con Dios es la conciencia de la presencia.**

Para tener intimidad con Dios requiere tratar a Dios como una persona presente, cercana. Todos sabemos que para tener intimidad con una persona tenemos que tenerla cerca. Ahora con todo estos avances de la tecnología, podemos conversar y ver a una persona que está lejos y sentirla cerca. Pero nunca será igual que a tenerla cerca y hablar cara a cara. Lo curioso es que no importa los avances de la tecnología, si dos personas quieren conocerse mas íntimamente terminan encontrándose. Porque la intimidad requiere cercanía, presencia. Así mismo pasa con la comunión con Dios, es imposible a la distancia. Tenemos la seguridad que Dios está presente; ¿pero, cómo sentirlo? ¿Cómo tratarlo como una persona presente, cercana?

-La respuesta es muy sencilla, reuniéndonos todos los días con Él.

En Proverbios 3:6-9 encontramos el aspecto práctico para tratar a Dios como una persona real y activa en la vida.

a. En el versículo 5 dice « *fíate de Jehová de todo corazón, y no te apoyes en tu propia prudencia.*»

Cada vez que vayas a hacer una decisión cuenta con Él. No lo trates como *plato de segunda mesa,* solamente para que te saque de tus problemas; después que has tratado todo. Tómalo en cuenta en la etapa inicial no al final de la toma de tus decisiones. Cuando estás evaluando las alternativas antes de actuar, es el momento preciso para preguntarle a Dios su opinión. Sabe, a Él le gusta dar su opinión sobre la clase de amigos que usted tiene, la ropa que se pone, como utiliza su dinero, como maneja su tiempo, etc. En todos esos asuntos debería darle participación a Dios ante que se meta en malas compañías, ante que se cases con la persona equivocada, o ante que se meta en problemas financieros. A Dios no le gusta ser uno más entre otras opciones, o ser el último en su lista. Él reclama ser el único y el primero en todo.

«*Fíate de Jehová, y no te apoyes en tu propia prudencia*» significa, que cuando hay que tomar alguna decisión, se debe preguntar a Dios primero, y esperar que Él responda. Él todo lo sabe presente y futuro, la sabiduría humana es muy limitada y expuesta a muchos desaciertos. Tratar a Dios como una persona real, es contar con Él para todo.

b. El Versículo 6 dice «*reconócelo en todos tus caminos.*»

Dios no se va de ti, como en los tiempos del Antiguo Testamento. Él está ahí, aunque se de cuenta o no. La palabra *reconócelo* indica que tiene que darse cuenta, estar consciente de su persona, no importa por donde vaya, o en qué lugar este.

Si usted entra en un lugar que no debe de entrar, El Espíritu Santo que mora en usted, va a entrar; Él no se queda en la puerta; entrará pero estará todo el tiempo disgustado.

Hay que estar consciente que Dios está en todo lugar; cerca del cristiano unas veces para fortalecerlo, y otras veces para reprenderlo.

c. El versículo 7 dice «*no seas sabio en tu propia opinión.*»

Nadie quiere tener intimidad con una persona soberbia, arrogante, y que siempre *esté correcta*. Acepta que Dios sabe más que usted; pídele su opinión valorando lo que Él tiene que decirle.

El cristiano que anda por la vida, sin preguntarle a Dios, creyendo que no necesita orientación porque 'todo lo sabe', 'que no tiene nada que aprender' es arrogante. Dios exalta al humilde; pero humilla al soberbio. Dios no tiene intimidad con aquellos que nunca se equivocan.

Salmos 138:6 dice « *Porque el SEÑOR es excelso, y atiende al humilde mas al altivo mira (conoce) de lejos.*»

d. Versículo 7b. «*teme a Jehová y apártate del mal.*»

Renuncia al pecado, busca agradarle en todo. ¿Andarías con alguien que no se comporta correctamente en público? Que bochorno produce una persona que no sabe comportarse delante de la gente. Usted la evita, porque el comportamiento de esa persona no está acorde con lo que usted es y hace; por lo tanto, usted lo evita. Dios se hace *visible* a la persona que no le hace pasar pena en público.

Comportémonos de tal forma, que Dios siempre quiera estar con nosotros. Nuestro testimonio debe glorificar a Dios. Estoy aprendiendo que cada vez que me comporto honrando a Dios, su gloria se hace más visible en mi vida.

2. **El segundo elemento en la intimidad con Dios es el tiempo.**

El pasar tiempo con Dios, orando y leyendo la Biblia es un misterio para algunos, un trabajo o una carga para otros; pero debe ser una 'oportunidad' para el verdadero hijo de Dios.

Pasar tiempo con Dios tiene que ser lo más importante para el cristiano. Aquí la cantidad es tan importante como la calidad. Dios nunca está apurado; y nosotros si queremos cultivar la presencia de Dios, no podemos venir a nuestro tiempo devocional, o la oración presionados por el tiempo.

Nuestro tiempo de oración debe estar enfocado en la promesa de Dios cuando dice, «*Clama a Mí, y Yo te responderé, y te enseñaré cosas grandes y ocultas que tú no conoces.*». (Jeremías 33:3. Examina los cuatro verbos de la oración,

a. **Clamar**

«*Clama* ***a mí.»*** El énfasis aquí está en la palabra *a mí.*

El clamor es un acercamiento a Dios; es desechando todas las demás 'alternativas' y enfocarnos en conversar solo con Dios.

Nos acercamos confiadamente al trono de la gracia, creyendo que vamos a alcanzar misericordia y hallar gracia para los momentos difíciles. Hebreos.4:16

«***Clama*** *a mí»*

El clamor es un grito de desesperación y manifestación de urgencia. Hay una gran necesidad de encontrar la comunión con Dios.

b. **Esperar**

« Deléitate asimismo en Jehová, y Él te concederá las peticiones de tu corazón, y Él te concederá las peticiones de tu corazón. Encomienda a Jehová tu camino, y confía en Él; y Él hará. Exhibirá tu justicia como la luz, y tu derecho como el mediodía.» **Salmos.37:4-6**

La espera es difícil; pero no hay otra actitud más positiva. Hay una refrán callejero que dice *'Si tu mal no tiene cura, ¿por qué te apuras? Y si tiene cura, ¿por qué te apuras?.*

No puede hacer apuros para venir a la intimidad con Dios.

«Deléitate asimismo en Jehová, y El te concederá las peticiones de tu corazón...»

El secreto de la oración no es el saber pedir, es el saber deleitarse en la presencia de Jehová. Hay cristianos que solo oran cuando necesitan algo; no se dan cuenta que Dios desea tener comunión con sus hijos aunque no tengan nada que pedir.

c. **Aprender**

«Y esta es la confianza que tenemos en Él, que si pedimos alguna cosa conforme a Su voluntad, El nos oye. Y si sabemos que Él nos oye en cualquiera cosa que pidamos, sabemos que tenemos las peticiones que le hayamos hecho.» **1 Juan 5:14-15**

Vamos aprender a confiar en Dios y a depositar nuestras cargas sobre Él; no vamos a murmurar o a alejarnos de Él. Vamos a aprender a soltarnos en sus manos.

El cristiano que ora, pero no aprende a esperar, actuará siempre a destiempo. La gran lección en la escuela de la oración es saber esperar el tiempo de Dios.

d. **Ver**

Entonces vamos a ver el resultado de clamar, esperar, aprender *'te enseñaré cosas grandes y ocultas'.* Cosas ocultas, que solo se ven a través de la revelación que viene de Dios. Esas cosas son las que Dios tiene para los que claman, esperan, y aprenden a confiar en el poder divino.

Cuando el cristiano busca el reino de Dios primero, entonces todo lo demás viene como añadidura., y *mucho más.* ¡No somos capaces ni de imaginarnos lo que Dios puede hacer por y a través de nosotros!

«Mas buscad primeramente el reino de Dios y su justicia, y todas estas cosas os serán añadidas.» Mateo 6:33

El que se acerca a Dios debe de creer que Él está para bendecir a aquellos que le buscan, no por lo que Él le pueda dar, sino por lo que Él es.

«A un corazón contrito y humillado no lo desprecia el Dios nuestro.»

La oración es el medio de comunicación que no se puede lograr con rapidez. Es el proceso donde sembramos la semilla de la fe y no podemos esperar los frutos de la noche a la mañana.

En una ocasión estaba teniendo mi tiempo devocional en la mañana, y en medio de la oración me acordé de que tenía que hacer algo, entonces me levanté de repente de la silla cortando bruscamente mi oración, cerrando mi biblia. Mientras me levantaba, sentí que Dios me decía: *«No solo interrumpes nuestra conversación, sino que me dejas con la palabra en la boca y te vas. ¿Qué es más importante para ti, ir hacer lo que quieres hacer, o pasar tiempo conmigo?»* –

Tuve que regresar a sentarme avergonzado y comenzar a orar pidiéndole perdón a Dios.

Estimado hermano, no podemos venir ante la presencia de Dios apurado; tenemos que estar dispuestos a pasar tiempo con Dios para que su presencia sea una realidad.

Por esa razón, el aprender a pasar tiempo ante la presencia de Dios puede ser un gran desafío para usted. Quiere las cosas con rapidez y no sabe cómo esperar con paciencia. Usted no es el único. ¡Yo también quiero las respuestas a mis oraciones en el momento de concluirlas con el *Amen!* Pero no sucede así. Casi siempre Dios me hace esperar el tiempo de Él, no mi tiempo.

Voy a ilustrar con una experiencia personal la importancia de saber esperar. Un día puse en el horno de mi casa un pastel o cake, de esos que se preparan de una cajita que vienen con todas las instrucciones. Se veía tan sabroso que era una tentación comenzar a comerlo. Con mi impaciencia pretendía que el cake se hiciera más rápido de lo indicado. El dulce terminó en el cesto de la basura. No supe esperar y lo saqué antes de tiempo y se me echó a perder. Mi impaciencia me llevó a ignorar la receta en cuanto a los ingredientes exactos y al tiempo exacto en el horno. Quise apurar el proceso de horneado; y no obtuve buenos resultados.

Para lograr la intimidad con Dios tenemos que darle el tiempo exacto a Dios para que Él se revele, no podemos estar apurados en nuestro tiempo devocional. Dios sabe exactamente cuánto tiempo tenemos que estar en el *horno de la espera.*

3. **El tercer elemento en la intimidad con Dios es la Comunicación.**

Dios nos dejó los medios para podernos comunicar con Él, estos son la Biblia, la oración, la naturaleza, y el silencio. Se requiere utilizar estos medios de comunicación con claridad.

a. La Biblia.

Debemos leer la Biblia como un explorador, no como un turista. El turista solo visita los lugares de interés y los más concurridos. Por otro lado, el explorador va buscando la información sobre la historia. Leámosla sistemáticamente por libros, por temas, por personajes; no importa, pero sí leámosla buscando en ella el pensamiento de Dios para nosotros. Recuerda que Él te ama, y desea hablarte.

La Biblia habla de una persona espiritual, con un pensamiento espiritual, en una manifestación sobrenatural.

b. La oración.

Orar es tener una conversación con un amigo cercano, no una fuerza distante. Orar no es infórmale a Dios lo que deseas, o lo que te está pasando; orar es un dialogo entre amigos.

La próxima vez que usted este orando, ponga atención cuanto tiempo pasa hablando, y cuanto pasa 'escuchando'. En un dialogo, uno escucha mientras el otro habla.

c. La naturaleza.

Durante el tiempo devocional, es importante encontrar un lugar tranquilo, que puedas mirar y sentir la grandeza de Dios en todo lo que te rodea.

Recuerda lo que dice el himno, *Señor Mi Dios al contemplar los cielos, las estrellas...mi corazón entona la canción, Cuan Grande es Él, Cuán Grande es Él*

d. El Silencio.

Se ha dicho que Dios nos habla a través de la Biblia; y nosotros le hablamos a él a través de la oración. Pero yo he descubierto que el silencio es una herramienta muy poderosa que Dios a veces usa para hablarme. Recuerda lo que dice el Salmo, «*estad quietos y conocer que Yo soy Dios.*» Salmo 46:10

¿Quieres saber lo que Dios tiene para usted?

Aprenda la difícil disciplina de guardar silencio. Durante su tiempo de oración, tenga tiempos de silencio. Si usted habla todo el tiempo, Dios oirá pero no le hablará. Aprendimos desde pequeño, que mientras uno habla el otro escucha, y que al mismo tiempo dos personas no pueden hablar.

Sin la conciencia o sensación de la presencia, sin tiempo y sin comunicación no se puede lograr la intimidad con Dios.

Hay una dulce satisfacción, plenitud y poder que sólo viene de pasar tiempo en la presencia de Dios. Es el lugar donde usted encontrará la paz, la protección, sabiduría y dirección, todo lo que necesita para vivir una vida victoriosa.

En el Salmo 42 el salmista dice: «*como el siervo brama por las corrientes de las aguas, así clama por ti, oh Dios, el alma mía.*»

Mi alma tiene sed de Dios, del Dios vivo.

¡Que figura más impresionante! un siervo buscando las aguas; así nuestra alma debe buscar a Dios.

Una vez más déjeme repetirlo: la parte más importante en la vida del cristiano es la intimidad con Dios.

¿Hay un secreto en la intimidad con Dios que la mayoría de nosotros no hemos descubierto?, ¿Es el pasar tiempo con Dios la clave para lograr mucho en una vida ocupada llena de obligaciones?

¿Cómo se comienza ese camino?

El camino hacia la intimidad con Dios comienza con:

a. **Anhelar**

La búsqueda de la intimidad es una expedición. Una búsqueda marcada por una resolución de conocer a Dios durante toda la vida.

El credo cristiano de hace siglos escogió esa como la primera pregunta: «¿Qué es el propósito principal de la vida humana?» La respuesta: «Conocer al Dios por quien el hombre fue creado.»

«y completamente deleitarse en Él eternamente.»

Esto es una prioridad que jamás se experimenta rápidamente. Más bien es un compromiso del corazón que dura toda la vida.

Es una búsqueda digna. La intimidad con Dios es una necesidad fundamental en el cristiano de hoy.

La espiritualidad es intencional. Nadie jamás alcanzará una intimidad con Dios sin la intención de hacerla una realidad. Cuando está enfocado en Dios, es el propósito e intención del corazón cultivar la sensación gloriosa de la intimidad con Dios que el corazón humano anhela.

b. **Esperar**

No podemos apurar el proceso. Se requiere tiempo para llegar a la intimidad.

Nuestra búsqueda de conocer a Dios íntimamente requiere tiempo; no nuestro tiempo; es cuando Dios cree que nosotros estamos listos para recibir un grado mayor de revelación de su persona.

Toma tiempo e involucra un proceso. A menudo, solo volviendo la vista atrás reconocemos hasta donde Él nos ha traído. Quizás el momento nos engañe, pero nuestra memoria marca la importancia gloriosa de nuestro progreso en conocer a Dios más íntimamente.

La clave para la intimidad con Dios es la liberación de la vida de Cristo dentro del corazón del creyente. Es la vida de Él que se apodera profundamente del espíritu del creyente. Entonces nuestra vida diaria llega a ser el camino a una vida de intimidad con Dios donde caminamos en experiencia real.

La espera, como dice el salmo, e*stad quietos, y conocer que yo soy Dios,* provee el contexto en el cual experimentamos esta liberación.

Como ya hemos hablado, ¿Cómo puede alguien tener una vida llena de la prisa, apuro constante de la vida moderna y tener la intimidad con Dios? Es imposible; Dios no trabaja bajo la presión del tiempo.

La oración no es una participación en un solo acto o un evento o una repetición. Es una constante espera en el Señor; es un dialogo entre el ser humano y Dios. Es un momento de silencio para escuchar la voz del Padre celestial. Recuerde que a *veces las palabras son el mayor obstáculos para la oración, con el silencio también se ora.*

c. **Tener esperanza.**

Tener esperanza es creer que el futuro va a ser mejor que el pasado. Activar la fe con el convencimiento de que Dios está en control de todo; vivir una vida optimista porque sabemos que Dios es suficiente para sostenernos en medio de las tormentas de la vida.

Cuando tenemos una actitud de esperanza disfrutamos de las cosas mucho antes que estas sucedan.

A veces una palabra tiene más de un sentido.

Por ejemplo, lo *«¿Qué esperamos?»* puede ser algo que nos produzca ansiedad.

O por el contrario, lo que *«¿Qué esperamos?» p*roduce ansiedad, mostrará que no tenemos fe. Si nos causa ansiedad los retos de la vida, nuestra fe es débil. Pero, si nos causa esperanza, estamos viviendo en fe.

Pensemos en la intimidad con Dios, como un tiempo de espera con fe.

Esperamos el poder de Dios manifestándose. No nos conformamos con vivir en lo natural. Creemos en lo sobrenatural. Ya podemos decir como Pablo, *«ya no vivo yo, mas vive Cristo en mí'»* (Gálatas 2:20).

Aquí está lo dinámico de la intimidad con Dios. Cristo en nosotros— el poder motivador que resulta en una vida bendecida con la intimidad.

Cristo me ha declarado que soy libre del pecado, y de la muerte. Ninguno de los problemas que puedan venir en el futuro, van a destruir mi fe. Ninguno de mis enemigos es superior al Espíritu Santo que mora en mí. Pelear la buena batalla de la fe, significa mantener confianza en el Espíritu para recibir las fuerzas espirituales para vencer.

El apóstol Pablo abrió su corazón y expuso su pasión para la intimidad cuando dijo: «*ya no vivo yo, mas Cristo vive en mí*». Aquí está la clave para Pablo, y para nosotros. La intimidad con Dios es la vida de Jesús producida dentro del corazón del creyente. Por su vida recibimos poder. Por su presencia permanente experimentamos una calidad de vida que solamente Él da. El Cristo morador es la influencia determinante en nuestras vidas.

Entonces si Cristo, vive en mí, todo lo que puedo esperar es UN MILAGRO TRAS OTRO, UNA VICTORIA TRAS OTRA.

Ahora, veamos el Salmo 63:1,3.

Versículo 1. «*mi alma te anhela*»

Versículo 2. «*para ver tu poder y tu gloria (con esperanza)*»

Recuerde que, si queremos la intimidad con Dios, tenemos que pasar de ser turista a expedicionario. La intimidad con Dios no es un viaje de turismo, sino un viaje de expedición. El viaje de turista es de corto plazo; la expedición es de largo plazo. El viaje de turista se hace por placer, vacacionar; la expedición se hace por 'pasión', por deseo del corazón, por responsabilidad. El viaje del turista es a los lugares más populares, más interesantes; la expedición es a los lugares significativos, importantes en la historia del hombre.

La intimidad con Dios es posible solamente porque Él así lo quiere y es su regalo al hombre. Es una demostración de su favor no merecido. Él extiende la mano, y le da al creyente el privilegio de responder. El hombre tiene la responsabilidad de quitar las barreras, dejar de esconderse, de huir, de evadir, de retrasar; y aceptar la invitación de pasar tiempo con Dios. Acepta el regalo de su intimidad.

Alguien escribió lo siguiente «Antes, yo le pedía a Dios que me ayudara. Luego le pregunté si podía ayudarle a ÉL. Terminé pidiéndole que hiciera su obra a través de mí».

Dios solo se deja ver por aquellos que tienen los ojos de un corazón sensible

La Biblia nos dice que debemos ser llenos del Espíritu Santo; sin embargo, el ser lleno del Espíritu Santo, es un acto de la mano de Dios. Entonces, ¿cómo un acto soberano de Dios debe realizarlo el cristiano? Es verdad que Él nos llena; ¿pero, es responsabilidad del cristiano? El cristiano no puede hacer o producir la llenura; pero sí puede hacer todo lo que le conduce a la llenura.

Y ¿Cómo ser llenos del Espíritu Santo?, ¿Qué es eso que es nuestra responsabilidad?

Solo hay una respuesta a esa pregunta. No hay otra. La llenura del Espíritu Santo está ligada a la obediencia, y no podemos ser obedientes si no pasamos tiempo con Dios diariamente. Pasar tiempo con Dios diariamente en nuestro tiempo devocional, en nuestra constante oración y meditación en la palabra nos conduce a reconocer que sin Él estamos perdidos, y somos flanco del fracaso de los esfuerzos humanos por ser santo y fiel. Solo el Espíritu Santo nos puede dar las fuerzas que tantos necesitamos. Y es así, precisamente cuando pasamos tiempo con Dios que somos llenos del Espíritu Santo.

El Espíritu Santo da las fuerzas al cristiano para que este sea obediente. El cristiano en su naturaleza humana es débil, por lo tanto, la obediencia se hace imposible. Pero, cuando crece en comunión con Dios, recibe las fuerzas para decirle -'no'- al pecado y hacer lo que a Él le agrada.

En Romanos 7. Pablo presenta la lucha espiritual que se opera dentro de cada cristiano entre la carne y el espíritu. Y dice en el capítulo 7:24. ¡*Miserable de mí! ¿Quién me librará de este cuerpo de muerte?* Y él mismo responde en el versículo *25. Gracias doy a Dios, por Jesucristo Señor Nuestro*

¡La obra de Cristo en el hombre lo cambia todo!

Dice el poeta:

INCREÍBLE…

Es increíble saber que hubo alguien,
Que tú no conocías, pero que dio su vida
Para salvar la tuya.
Es increíble pensar que dejó su trono,
Se hizo humano, bajó, piso llano…
Por todos nosotros.
Es increíble pensar que resucitó muertos,
Sonó enfermos, alimentó a cinco mil hambrientos…
Sanó cuerpos, salvó espíritus.
Es increíble su entrega, su amor, su prédica,
Su aceptación, sus milagros, su resurrección y su perdón.
Es increíble, como soportó en la cruz,
Y como a los tres días resucitó.
Es increíble, pensar que al cielo ascendió,
Y está sentado en su trono, abogando por nosotros.
Es increíble pensar que vendrá
En su segunda venida, y llevará
A su pueblo escogido, a un paraíso.
Hasta ahora para ti y para muchas personas
Esto es increíble, cree porque es cierto.

La realidad de la persona y la obra de Cristo en la vida del creyente forma la base para una vida victoriosa y agradecida

Primero, Cristo le ha dado una nueva posición ante Dios por el nuevo nacimiento y la justificación.

Romanos 8:1. «*Ninguna condenación hay para los que están en Cristo Jesús.*

Cuando Nicodemo preguntó, «¿Cómo puede hacerse esto?» el Señor le habló del nuevo nacimiento y expuso ante él dos cosas muy importantes.

(1) Primero, le habló de la gloria de Su Persona: «*Nadie subió al cielo, sino el que descendió del cielo; el Hijo del Hombre, que está en el cielo*» (Juan 3:13).

Él es Dios así como hombre, y el valor de Su obra se debe a la gloria de Su Persona. Es debido a que Él es Dios que Él puede ser nuestro Salvador (Isaías 43:10, 11).

(2) Luego se refiere a Su obra en la cruz como el Hijo del Hombre levantado allí por pecadores.

No hay bendición para el hombre caído aparte de estas dos cosas: la persona y la obra de Cristo.

«*Porque de tal manera amó Dios al mundo, que ha dado a su Hijo unigénito, para que todo aquel que en él cree, no se pierda, mas tenga vida eterna*» (Juan 3:16).

Además del nuevo nacimiento, tenemos la justificación por medio de Jesucristo.

Romanos 5:1. «*Justificados, pues, por la fe, tenemos paz para con Dios por medio de nuestro Señor Jesucristo*».

JUSTIFICACIÓN es un acto judicial de Dios, por el que declara que el pecador está ya libre de condenación, y le restaura al favor divino al confiar en Cristo y en sus méritos para obtener la salvación.

Los términos justificar y justificación en la Biblia, tienen una connotación jurídica, mostrándonos que tiene que ver con la posición legal del cristiano delante de Dios; es decir, con su situación ante la ley moral de Dios. Dicha ley surge de la misma naturaleza santa de Dios, y nos obliga porque somos creados por Él, y por lo tanto somos sus criaturas, que debemos vivir en armonía con Él.

Un escritor cristiano ilustra la diferencia entre el nuevo nacimiento y la justificación, con lo que sucede con un recluso de una cárcel que sale al cumplir su condena. Una cosa es salir a la libertad al cruzar las rejas de la cárcel, lo que equivale al nuevo nacimiento, y otra cosa es que la sociedad acepte de nuevo a ese ex recluso, olvidándose de sus delitos pasados, por los cuales ya cumplió una condena, lo trate como a una persona justa, y que él mismo se sienta una persona justa. Esto equivale a la justificación.

Por lo general, el mundo nunca perdona a un ex recluso, y éste siente por el resto de su vida la humillación de su culpa pasada. No sucede así con Dios, quien hace una obra completa dándonos libertad de la condenación y la vida eterna como hijos suyos, pero también solucionando el problema de nuestra culpa y aceptación por parte suya por medio de la justificación.

Supongamos que fueras a cambiar de ciudadanía y ser aceptado como ciudadano de otro país. Entonces, al hacer el juramento comienzas a tener una posición totalmente diferente a la que tenías antes. Ahora, con excepción de llegar a ser presidente, posees todos los privilegios de un ciudadano por nacimiento. Tú ya no existes en tu antigua posición, y vives en una nueva posición y naturaleza.

Así pasa en tu trato con Dios. Ahora Él le ve en una posición diferente por cuanto ha nacido de nuevo y entrado en su familia. Aunque siga teniendo al «viejo hombre» dentro de usted, con los "dos ocupantes" en tu cuerpo, Dios le ve sólo en esta nueva posición que ocupa delante de Él. Te ve como una persona que has muerto a tu antigua posición, y como siendo «nueva criatura en Cristo.» (véase 2 Corintios 5:17).

Su posición (sin Cristo) delante de Dios era la de un reo condenado a muerte por haber transgredido la ley de Dios. Por medio de la justificación, Dios le da UNA NUEVA POSICIÓN: la de absuelto, libre de condenación, y sin *record* policial, porque Cristo, siendo justo y sin mancha, pagó por usted, muriendo en tu lugar en la cruz del Calvario. Sin esto sería imposible que pudieras tener paz en tu corazón y comunión con Dios.

Descubre por ti mismo cuál es la condición del hombre sin Cristo, según la Palabra de Dios:

Isaías 59:2, «*pero vuestras iniquidades han hecho división entre vosotros y vuestro Dios, y vuestros pecados han hecho ocultar de vosotros su rostro para no oír*».

Juan 3:36. «*El que cree en el Hijo tiene vida eterna; pero el que rehúsa creer en el Hijo no verá la vida, sino que la ira de Dios está sobre él.*»

Romanos 3:23. «*Por cuanto todos pecaron, y están destituidos de la gloria de Dios.*»

Romanos 6:23. «*Porque la paga del pecado es muerte, mas la dádiva de Dios es vida eterna en Cristo Jesús Señor nuestro.*»

La Palabra de Dios es enfática al afirmar que la condición del hombre sin Cristo es sin esperanza, sin capacidad para vivir una vida justa conforme a las normas santas de Dios, y por lo tanto está caminando a una condenación eterna. Sólo acogiéndose a la obra de Cristo cambia esta condición del hombre delante de Dios. Sin Cristo estábamos *destituidos, alejados de la gloria de Dios.* Cristo nos hace cercanos a esa gloria, y esa cercanía nos hace reflejar esa gloria, de eso hablaremos más adelante.

Conflicto entre el *querer* y el *hacer*

Cuando Pablo exclamó « *¡Miserable de mí! ¿Quién me librará de este cuerpo de muerte?.*» Tenía en mente a Cristo, porque Él, en primer lugar, nos ha dado una nueva posición ante Dios por el nuevo nacimiento y la justificación. Como segundo lugar, Cristo da la fuerza en la lucha espiritual.

Se ha preguntado usted alguna vez, ¿Por qué los cristianos pecan?

Pues sencillamente, los cristianos pecan, porque descuidan su tiempo devocional, se debilitan espiritualmente y no tienen la fuerza para decirle *no al pecado.* Cuando descuidamos pasar tiempo con Dios llegamos a ser tan débiles que nos caemos con cualquier cosa.

¿Cómo resuelvo el conflicto entre: lo que hago y lo que debo hacer?

Efesios 4:21-24 dice: «*Si en verdad le habéis oído, y habéis sido por él enseñados, conforme a la verdad que está en Jesús. En cuanto a la pasada manera de vivir, despojaos del viejo hombre, que está viciado conforme a los deseos engañosos, y renovaos en el espíritu de vuestra mente, y vestíos del nuevo hombre, creado según Dios en la justicia y santidad de la verdad.*»

Este gran conflicto, entre el pensamiento y la acción, no se resuelve fácilmente. Dentro del cristiano mora la carne y el Espíritu. Estos «dos ocupantes» no tienen los mismos derechos. El «viejo hombre» debe ser considerado muerto. El «nuevo hombre» es el único ocupante legítimo.

El «nuevo hombre» es el único con derecho a decir lo que se hace en el cuerpo, y que este «nuevo hombre» es la vida de Cristo.

Cuando Pablo dice, *¡Miserable de mí! ¿Quién me librará de este cuerpo de muerte?, e*stá diciendo, Cristo me ha dado una nueva posición ante Dios por el nuevo nacimiento y la justificación, dándome las fuerzas espirituales y defendiéndome de los ataques de Satanás.

Romanos 8:1. «*Ninguna condenación hay para los que están en Cristo Jesús.*»

Cuando los ataques de Satanás vienen a la mente, dejemos que Cristo venga a la puerta y le responda.

«*Ya no hay condenación...*»

Cuando usted actúa en la carne, Satanás tocaba a la puerta, y usted sale a la puerta a responder solo. Pero cuando vive en comunión con Cristo tiene a alguien viviendo con usted… Deje que Él conteste...

Cuando Pablo exclama *¡Miserable de mí! ¿Quién me librará de este cuerpo de muerte?* El mismo contesta que Cristo, porque Cristo nos da la posibilidad de agradar a Dios

Romanos 8: 8. «Los *que viven según la carne no pueden agradar a Dios.*»

Dios dice: «*Engañoso es el corazón más que todas las cosas, y perverso.*» (Jeremías 17:9).

El apóstol Pablo dijo: «*Yo sé que en mí, esto es, en mi carne, no mora el bien.*» (Romanos 7:18).

En nuestro estado natural no hay nada para Dios.

El corazón humano está en enemistad contra Dios, como la Biblia dice: «*Por cuanto los designios de la carne son enemistad contra Dios; porque no se sujetan a la ley de Dios, ni tampoco pueden.*» (Romanos 8:7).

Por último, cuando Pablo dice *¡Miserable de mí! ¿Quién me librará de este cuerpo de muerte?* Y contesta que Cristo, porque Cristo nos garantiza la Victoria

Romanos 8:35. «*¿Quién nos separara del amor de Cristo?.* »

Ver. 37. «*antes estas cosas somos más que vencedores*»

«*Porque no nos ha dado Dios espíritu de cobardía, sino de poder, de amor y de dominio propio.*"» 2 Timoteo 1:7

Dios sabía que no podría vivir en conformidad a los mandamientos, pero el hombre pensaba que sí podía.

Si yo tengo un hijo, y hay una pesada maleta que él cree que puede llevar, ¿cómo puedo demostrarle que no puede?

Dándole una oportunidad para que lo intente. Israel pensaba que podría cumplir las demandas de Dios, porque dijeron: «*Todo lo que Jehová ha dicho, haremos.*» (Éxodo 19:8).

Aunque las intensiones eran buenas, carecían de la fuerza de voluntad para 'agradar' a Dios cumpliendo las leyes y mandamientos. Los israelitas fracasaron miserablemente, como ha sucedido con todos nosotros. Por lo tanto, el hombre que confía en su fuerza está en gran problema. Tiene que depender de Dios en todo momento.

«El Espíritu mismo da testimonio a nuestro espíritu, de que somos hijos de Dios» (Romanos 8:16).

La Biblia nos da la explicación. Es una bendición para nosotros saber que Dios no sólo ha perdonado nuestros pecados, sino que también nos ha traído a una nueva posición delante de Él. La Escritura nos explica lo que Él ha hecho en relación con aquella vieja naturaleza pecaminosa que todos recibimos por nuestro nacimiento natural, y cómo Él nos ha dado una nueva naturaleza con nuevos deseos, a fin de que podamos caminar delante de Él en santa libertad.

Colosenses 3:3-4: *«Porque habéis muerto, y vuestra vida está escondida con Cristo en Dios. Cuando Cristo, vuestra vida, se manifieste, entonces vosotros también seréis manifestados con él en gloria.»*

Romanos 6:6: *«Nuestro viejo hombre fue crucificado juntamente con él... a fin de que no sirvamos más al pecado.»*

En la cruz del Calvario el Señor Jesús no sólo llevó mis pecados, sino que Su muerte fue el fin de mi posición delante de Él como hijo de Adán, porque hemos muerto a aquella posición, y hemos entrado en una nueva posición delante de Él mediante la resurrección del Señor Jesús (Romanos 6:9-11).

Podemos presentar los miembros de nuestros cuerpos para que hagan lo que el «hombre nuevo» quiere hacer, cosas que agradan al Señor. Aquí se debe decir que si no tienes ningún deseo de agradar al Señor no eres en absoluto un creyente, porque si has nacido de nuevo tienes dentro de ti la misma vida de Cristo. ¡Ah, tú dirás, en ocasiones quiero hacer lo que está mal! Pero no es la nueva vida la que quiere hacer lo que está mal, sino que se debe a que estás dejando al "viejo hombre" (el antiguo ocupante) mostrar actividad. Dios dice: "*Consideraos muertos al pecado, pero vivos para Dios en Cristo Jesús, Señor nuestro*".

El «viejo hombre» no tiene ya derechos algunos en el cuerpo. Dios dice que estamos muertos al pecado, y así leemos en 2 Corintios 4:10: «*Llevando en el cuerpo siempre por todas partes la muerte de Jesús, para que también la vida de Jesús se manifieste en nuestra carne mortal.*»

La diferencia entre *Unión* y *Comunión*

En Juan 15:1-17, el Señor Jesucristo, nos habla de la comunión con El.

La unión y la comunión con Cristo son dos cosas completamente diferentes; y debe tratarse de forma diferente.

Por ejemplo, la unión es una relación personal y tiene que ver con la salvación. En el momento de creer, el hombre queda unido con Dios por siempre. Esa unión es producida y mantenida por el Espíritu Santo. No hay esfuerzo humano capaz de mantener esa unión. Si la persona cree que es salvo por gracias, entonces, debe creer que puede seguir siendo salvo por gracia. Dios no necesita de su ayuda para salvarlo, ni para mantenerlo salvo. El creyente que cree que sostiene la mano del Dios, pronto descubre que no tiene fuerzas suficientes para mantener su salvación. Es más saludable para la vida espiritual, confiar que la mano de Dios es quien sostiene al creyente. Eso es lo que dice Juan 10:27-29 «*Mis ovejas oyen mi voz, y yo las conozco, y me siguen, y yo les doy vida eterna; y no perecerán jamás, ni nadie las arrebatará de mi mano. Mi Padre que me las dio, es mayor que todos, y nadie las puede arrebatar de la mano de mi Padre*»

Otro lado, están los que piensan que una relación con Dios es impersonal y distante. Pero Dios es una 'Persona' y quiere establecer una relación personal con cada uno de nosotros. Debido a que Él es infinito, Él puede relacionarse con cada uno de nosotros a un nivel personal y profundo. No es difícil establecer esta relación. Jesús ha pagado un gran precio para que nosotros podamos conocerle y es un regalo gratuito. Todo lo que debes hacer es recibir a Cristo (Jn.1:12).

La unión nunca se pierde, pero la comunión sí. La unión la opera el Espíritu Santo en el momento de creer en Cristo para salvación; la comunión la opera el Espíritu Santo como resultado de nuestra obediencia.

Los cristianos reconocen a Jesucristo como la fuente y sustento de sus vidas.

Volviendo al pasaje de Juan 15, en el versículo 5 dice « *Yo soy la vid, vosotros los pámpanos; el que permanece en mí, y yo en él, éste lleva mucho fruto; porque separados de mí nada podéis hace..»*

Permanecer: involucra una actitud de dependencia total en Él.

La rama por sí sola no puede dar fruto... *aparte de mí no pueden hacer nada*, dice Cristo.

(A) El hombre por sí solo no puede traer transformación espiritual ni ningún cambio permanente en su vida. En otras palabras, sin Dios, todo esfuerzo para ser libre del orgullo, de celos, o de miedos, fracasará.

(B) El creyente no puede por sí solo producir ningún fruto permanente. El cristiano sin la intimidad con Dios, puede hacer muchas cosas, pero todo se convertirá en carga y en fatiga.

Beneficios de la comunión con Cristo

La comunión con Cristo es un regalo de nuestro Padre Celestial.

En Juan 15: 2 dice «*... todo aquel que lleva fruto, lo limpiará, para que lleve más fruto..*».............

En primer lugar, la Comunión con Cristo hace que Dios me limpie.

Ese proceso de limpieza por parte de Dios es como el campesino cuando poda el árbol para que el mismo pueda crecer con más fuerza, y dar el fruto más grande. Podar es el proceso de recortar un árbol o arbusto. Hecho con cuidado y correctamente, la poda puede incrementar el rendimiento del fruto; así, es una práctica agrícola común.

Hay varios tipos de poda, porque cada árbol exige un tipo de poda diferente. Como norma general las podas consisten en cortar las ramas principales de la copa para favorecer la ramificación o cortar ramas inútiles que solo estorban o impiden un crecimiento saludable del árbol. Así, Dios trabaja en nosotros, nos corta la *copa de nuestro orgullo o* trabaja en nuestra formación espiritual, nuestro carácter. Las ramas secas, muertas en nuestras vidas, que solo sirven para encender fuego, problemas, y dar suciedad. Entonces el labrador divino, nos poda para evitar males mayores.

En la medida que vamos creciendo en Cristo, Él nos va mostrando las actitudes que obstruyen una cosecha completa de frutos. Lo triste es que normalmente no podemos ver esto por nosotros mismos. Así Él tiene que abrir nuestros ojos a cosas como orgullo, o egoísmo, o indiferencia, o auto protección. Esto puede ser muy doloroso, pero si uno sabe que el motivo de Dios es amor, podemos realmente sacarle provecho (Heb.12:11).

De esta forma, la comunión con Cristo hace que mi vida tenga *fruto, y más fruto.*

Jesús es «la verdadera vid» -- la única fuente de vida espiritual. Las ramas que están en el suelo no pueden dar fruto debido a que no tienen conexión vital con la vid. De la misma manera, tenemos que estar en comunión constante con Dios, si nosotros queremos estar vivos espiritualmente y tener la oportunidad de dar frutos espirituales.

¿Qué es el FRUTO de que nos habla Juan?

En el pasaje de Juan 17, se refiere a todo lo que Dios quiere llevar a cabo a través de nuestra vida. El fruto bíblico se logra a través de un acercamiento a Dios, una transformación de carácter y poder para influenciar a otras personas a buscar a Cristo. En Gálatas. 5:22 esta el resultado de estar conectado a la vida, es el fruto del Espíritu Santo. Dios quiere producir de este fruto en tu vida en forma abundante (Juan 17:8), y Él es capaz de hacer esto a pesar de tus circunstancias, deficiencias, etc. Pero diferente de las RAMAS, las cuales no tienen mente ni voluntad, necesitamos aprender cómo Dios produce este fruto y así cooperar con Él.

¿Qué quiere decir Jesús cuando dice «*aparte de mí no pueden hacer nada*»?

Por supuesto podemos hacer muchas cosas aparte de Cristo, pero no podemos hacer nada de positiva importancia espiritual que perdure, nada de valor para Dios. Ya que fuimos hechos para tener una relación de amor con el verdadero Dios, el hecho de perder esto es perder el punto central (propósito) de nuestra vida y construir cada cosa sobre una fundación falsa. Esto es lo que Jesús quiere decir en otro pasaje cuando dice: « *¿Qué provecho tiene para una persona si gana todo el mundo pero pierde su alma?*»

Hay personas que interpretan estas palabras de Jesús como que las personas que no producen fruto no tienen derecho de entrar al cielo. Pero la verdad es que ninguna persona entra al cielo mediante su mérito personal.

Además de dar fruto, la comunión con Cristo hace que mi vida de oración cobre vitalidad.

Juan 14:12-14. «Y *todo lo que pidiereis al Padre en mi nombre, lo haré...»*

Es bueno notar:

(1) Primer lugar, la verdad de que la relación del creyente con Cristo es un trabajo en sociedad. Nosotros somos colaboradores suyos (2 Corintios 6:1),

1 Corintios. 1:9. «*Fiel es Dios, por el cual fuisteis llamados a la comunión con su Hijo Jesucristo nuestro Señor.»*

(2) La eficacia de la oración depende de que se haga en el nombre de Cristo. Esto implica que tenemos que presentarnos ante Dios basado en los méritos de Cristo, no en los nuestros. Cuando oramos es como si Cristo orara por nosotros ante el Padre; y Dios nos ama, como ama al hijo. Y también implica que debemos orar con la autoridad

Juan 15:7. «*Si permanecéis en mí y mis palabras permanecen en vosotros, pedid todo lo que queréis, y os será hecho.»*

En este pasaje ofrece la misma posibilidad ilimitada, *pedid todo lo que queréis, y os será* hecho.

Dos condiciones:

(1) *Permanecéis en mí.* No es asunto de estar unido con Cristo, sino de mantener la comunión con Él por medio de la obediencia. La unión con Él, no la podemos hacer, solo el Espíritu Santo en el momento de la conversión, el Nuevo nacimiento. Pero aquí nos manda a permanecer

en Cristo, esto es una responsabilidad nuestra, se refiere a la comunión.

(2) *Mis palabras permanecen en vosotros.* Es estar informado sobre lo que constituye su voluntad; primero uno comprende su voluntad y después la pone en práctica.

En otro aspecto, la comunión con Cristo hace que tenga gozo sobrenatural

Jesús dijo en Juan 15:11. «*Estas cosas os he hablado para que mi gozo esté en vosotros.*»

(1) Jesús les estaba diciendo a sus discípulos que ÉL quería que ellos fueran tan felices como él.

(2) Ese gozo era un gozo perfecto, sobrenatural. El gozo que viene como resultado de mi intimidad con Cristo, nada ni nadie me lo puede quitar. Y como es sobrenatural no se puede lograr por métodos ni medios humanos.

¿Estás pasando por momentos tristes? ¿O su vida es un reflejo de una tristeza interna que no se le quita con nada? Es posible que no estés en comunión con Cristo, porque no estás pasando tiempo con Cristo. No estás alimentando tu espíritu con la presencia de nuestro Señor y Salvador Jesucristo

En último lugar la comunión con Cristo, hace posible la relación con mis hermanos, porque es la base de mi amor por ellos, me capacita para amar hasta el sacrificio.

Así como el fruto que reflejamos como resultado de nuestra intimidad con el Espíritu Santo (Gálatas 5:22), el gozo y la paz que sobrepasa todo entendimiento (Filipenses 4:7), también nuestro amor por el prójimo surge de manera sobrenatural.

LOS PECADOS Y EL CRISTIANO

Existen tres tipos de pecados en el cristiano: los pecados de ignorancia, de esclavitud y de rebeldía. Veamos a cada uno de ellos por separados.

Los pecados de ignorancia en los cristianos

El Espíritu Santo nos revela nuestros pecados ocultos, y aquellos que hemos cometido por ignorancia. Hemos vivido con estos pecados, que nos parecen normales cometerlos sin darnos cuentan que también son pecados y que roban la comunión con Cristo

El pasar tiempo con Dios es pasar tiempo *con la luz; y* tu vida va a ser afectada tremendamente principalmente en dos maneras.

Primero, la luz revela lo oculto. A medida que pasas tiempo de intimidad con Dios, Dios comienza a revelarte las cosas ocultas que a Él le desagradan, y que por haber estado tanto tiempo ocultas en tu interior son parte de tus hábitos y costumbres. Cosas, por estar tan sutilmente impregnadas en su corazón, ni se ha dado cuenta que están ahí; pero ahora la luz comienza a revelarlas.

Al principio, tu tiempo con Dios, se convierte en un tiempo de auto evaluación y muy doloroso. Dios saca a la luz las interioridades de tu espíritu, y alma para que te enfrentes a ellas, las confieses y sanes. Es el tiempo de una tristeza profunda y una crisis sentimental y espiritual.

El Apóstol Pablo le escribe a la iglesia en Corintios, *«ahora me gozo (que se entristecieron), porque fueron contristados para arrepentimiento. ver.10, porque la tristeza que es según Dios produce arrepentimiento para salvación. » (2 corintios 7:9- 10)*

Segundo, la luz nos da una nueva dirección, al camino de la comunión.

1 Juan 1:6. *Si decimos que tenemos comunión con él, y andamos en tinieblas mentimos.*

Versículo 9. «*Si confesamos nuestros pecados,* Él *es fiel para perdonar nuestros pecados, y limpiarnos de toda maldad.*»

Este pasaje dice que Él es *fiel. Él* promete lo que cumple. Si Él dice que nos perdona, pues lo cumple.

Él también dice que es *justo.* Esto es interesante, porque Dios nos perdona en base a su justicia satisfecha en el sacrificio de Cristo en la cruz, no en base a su amor. El es justo, reconoce que ya Cristo pago por mis pecados pasados, presentes y futuro.

La luz nos lleva por el nuevo camino de la comunión con Cristo.

Los Pecados de esclavitud en el cristiano

El Espíritu Santo no solo nos deja ver nuestros pecados ocultos, sino que nos da la fuerza para ser libres de los pecados de esclavitud.

¿Hay cristianos esclavos? Tristemente, la respuesta es que si. Lo irónico es que pueden ser libres. Libres a través de Cristo, no a través de esfuerzos humanos, en la carne. La única forma de ser libre de los pecados de esclavitud es a través de una dependencia total de Cristo Jesús.

En Romanos 14:8, dice Pablo, «*si vivimos para el Señor vivimos… Del Señor somos.*»

No solo viviremos *por* el Señor, nuestra fuente de vida; sino que también viviremos *para* Él. Nuestra razón de *ser y hacer* es agradarle a Él.

Veamos la resurrección de Lázaro en el evangelio de Juan 11

Para ser libres tenemos que CREER EN EL PODER SOBRE NATURAL DE DIOS

Creer en el poder sobrenatural de Cristo.

a. Esta enfermedad no es para muerte; sino para la gloria de Dios

Pocas cosas son definitivas;

Romanos 8:28. «*Sabemos que a los que aman a Dios, todas las cosas les ayudan a bien.*»

b. La muerte que no es necesariamente la muerte física. También, puede haber una muerte con sentido figurado o simbólico.

La separación del entusiasmo, de la vida victoriosa, cuando viene el desaliento, la depresión, la desesperación; todo esto, es forma de estar muerto en vida.

¿Hay alguien que está experimentado esta clase de muerte?

Jesús dijo, «*Yo soy la resurrección y la vida; quien cree en mí aunque haya muerto vivirá.*» (Juan 11:25)

Jesús pide la fe a sus discípulos. «¿Crees esto?» Es una constante en todos los Evangelios. El acceso a Dios solo es posible a través de la fe, de la confianza en la Palabra de Dios que es Jesús.

Jesús resucitado es el objeto único y absoluto de nuestra fe. Y si dudamos algunas veces – solo duda quien cree – no nos queda otra respuesta que la de Pedro: «Señor, ¿a quién vamos a ir? Tú sólo tienes palabras de vida eterna»

Para ser libres de nuestros pecados de esclavitud tenemos que ver cada día como una oportunidad que Dios nos da, tenemos que APROVECHAR esa *SEGUNDA* OPORTUNIDAD de salir a la vida como Lázaro, que al resucitar tuvo una segunda oportunidad.

¿Cómo sería la vida de Marta y Maria después de la resurrección de su hermano?

¿Marcaría ese evento 'un antes' y un 'después'?

¿Cómo luce LA VIDA EN LIBERTAD?

Lázaro no solo recibió la vida, sino también le quitaron las vendas. Es rico vivir libres de vendas

Primero, hay que quitar la piedra. Dijo Jesús: «*Quitad la piedra.*»

Le responde Marta, la hermana del muerto: «Señor, ya huele; es el cuarto día.»

Ver. 40. Le dice Jesús: «¿No te he dicho que, si crees, verás la gloria de Dios?»

Segundo, hay que quitar las vendas. Jesús dijo: *Desatadle, y dejadle ir*

¿Qué emplea Dios para desatadnos, y dejarnos ir (vivir en libertad)?

(1) Su Palabra. El estudio sistemático de la Biblia.
(2) La comunión con los hermanos
(3) El servicio cristiano (a veces usamos el servicio cristiano como una señal de salud, pero también es señal de medicina)

El servir a otros es medicina para la depresión, para la soledad.

¡Que maravilla!, la libertad de las vendas quitadas. No necesita vendas, necesita sanidad, perdón de pecados. Si ya Dios nos quito las vendas, nos sacó de la tumba, no sigamos viviendo en esclavitud.

San Agustín nos hace tomar conciencia de ello al decirnos: «Eres, al mismo tiempo, siervo y libre; siervo, porque fuiste hecho; libre, porque eres amado de Aquel que te hizo, y también porque amas a tu Hacedor». Pero cabe la posibilidad de perder el norte de la existencia y por ello nos advierte: «¡No busques una liberación que te lleve lejos de la casa de tu Libertador!»

¿Quién de nosotros no ha salido todavía de la tumba, aunque ya Jesús dio la palabra de vida? ¿Quién de nosotros todavía experimenta la esclavitud del pecado, la postración en que nos deja, el vacío desconsolador que nos atrapa cual vendaje que entorpece el movimiento?

¿Quién no ha quedado fascinado por «cadenas de oro» que atan y que impiden volar hacia esa libertad que ansiamos que se realice en nuestra vida?

¡Y es que precisamente la esclavitud del pecado es el gran obstáculo a nuestra libertad! Por ello el mismo Señor Jesús sentenció: «*En verdad, en verdad os digo: todo el que comete pecado es un esclavo*»

El estrés, es una esclavitud al igual que las preocupaciones, el enojo, la ira, los celos, la amargura.

Estas feas vendas se manifestarán a veces; algunos nos dan la impresión que no pudieran deshacerse de sus viejos temperamentos mientras tengan vida. Sus vendas han sido rasgadas en jirones por la gracia divina; no llegan a atar sus brazos: pero los retazos todavía cuelgan a su alrededor; y nuestros hermanos, aunque convertidos, todavía parecen inclinados algunas veces a la vida antigua; y nos encontramos con ejemplos, de vez en cuando, inclusive en la iglesia, de personas que no pueden precisamente reprimirse; tienen todavía algunas de sus vendas que los sujetan.

«*Para ser libres nos libertó Cristo. Manteneos, pues, firmes y no os dejéis oprimir nuevamente bajo el yugo de la esclavitud.*» Gálatas 5:1

«*El Señor es el Espíritu, y donde está el Espíritu del Señor, allí está la libertad.*»2 Corintios3:17.

Sólo Aquel que es el Camino, la Verdad y la Vida puede darnos lo que anhelamos: «*Si, pues, el Hijo os da la libertad, seréis realmente libres.*» Juan 8:36

El Señor Jesús está en el inicio, en el transcurso y en el fin de la libertad: por Él hemos sido liberados, con Él nos hacemos libres, en Él viviremos la auténtica liberación.

Aun cuando una persona es llamada por la gracia divina de la muerte a la vida, a menudo lleva sus vendas funerales por largo tiempo. Muchos de los inconversos temen no ser convertidos, puesto que no quieren ser como otros cristianos que están en esclavitud. No poseen tanta fe ni seguridad, y no saben tanto como los demás; ellos tienen miedo de no poder cumplir con los reglamentos de la vida cristiana. Yo tengo una palabra de consuelo para ellos. Todos los cristianos, tienen que pasar por dos eventos: la salvación, en el momento de recibir a Cristo en el corazón; y el evento de la liberación espiritual por medio del control del Espíritu Santo.

El hecho de que Lázaro salió con las vendas y el rostro envuelto en un sudario, nos enseña que muchos de nosotros, aunque estemos vivos en Cristo, todavía tenemos nuestras vendas y sudarios pegados a nosotros.

Primero somos liberados de un mal hábito, y luego de otro. Mientras viva, sentiré que llevo algunas de las vendas que me sujetan, el vestido que me estorba, y el pecado que me asedia con mayor facilidad. Pero muy pronto, (podría ser mañana, podría ser dentro de algunos años), pero muy pronto, el tiempo vendrá y Cristo dirá: "Desatadle, y dejadle ir."

Los pecados de rebeldía en el cristiano

Hay cristianos rebeldes, que sabiendo hacer lo bueno, no lo hacen; que conocen la voluntad de Dios para sus vidas, pero siguen yendo en dirección contraria. La desobediencia es la marca de un cristiano carnal. Por el contrario la obediencia es la característica de un verdadero discípulo de cristo. Un cristiano que no tiene su tiempo devocional diario, que no sirve en un ministerio y no está compartiendo a Cristo, está en desobediencia y rebeldía.

Si quieres gozar de las bendiciones de Dios, su manifestación sobrenatural, tienes que aprender el camino extraordinario de la obediencia.

Capítulo 4

La Transformación Espiritual

A medida que comenzamos a pasar tiempo con Dios, nuestra intimidad con Él crece, y su poder comienza a ejercer «una fuerza transformadora» sobre nuestras vidas. Es imposible pasar tiempo con Cristo, y no ser afectado por su vida. La salvación es instantánea, pero la transformación espiritual a la imagen de Cristo es un proceso que dura toda la vida.

Alguien escribió en una ocasión:

«Nuestros padres nos dan la forma; la escuela nos informa; la cárcel, nos reforma; solo Cristo, nos transforma.»

Cuando pasamos tiempo con Dios, el Espíritu Santo transforma nuestra forma *de pensar* y nuestra forma *de actuar*. Cuando nuestra mente se transforma, también nuestras acciones se transforman. Por lo tanto, lo primero que tenemos que hacer cuando queremos cambiar algo, es buscar nueva información, que afectará nuestra forma de pensar, y por consiguiente nuestra forma de actuar. La información en sí no cambia a nadie, pero todo cambio comienza con nueva información.

Aquí les presento una ecuación espiritual:

La revelación (de Dios), más información, más iluminación y poder (del Espíritu Santo) es igual a transformación.

Esta es la forma de la vida en lo sobrenatural.

Revelación + Información+ Iluminación + Poder = Transformación

¿Podemos hacer nosotros lo que Cristo hizo?

¿Nuestros actos y nuestro estilo de vida pueden ser como Cristo?

¿Cristo quiere que nosotros seamos como Él?

¿Es posible *ser* y *actuar* como Cristo?

Todas las respuestas a estas preguntas son sí. ¡Sí es posible! Se puede lograr. Aclarando, que siempre debemos recordar que somos las creaturas, no el Creador. Aunque, nuestra meta es llegar a ser como Cristo, nunca lograremos llegar a ser como Él en poder y majestad.

Definición

Entonces podemos definir transformación como la acción de un poder externo que actúa sobre la vida de una persona. Para que ese cambio llegue a ocurrir, debe comenzar en la mente; la forma de pensar del cristiano tiene que ser diferente a su forma de pensar antes de ser cristiano. Pero tristemente, aun siendo cristiano, la persona tiene la tendencia en muchos casos a pensar igual a la persona que no es cristiana; es por esa razón que se necesita una transformación primero de la mente, y después viene la transformación del comportamiento.

Examinemos lo que dice el Apóstol Pablo en Romanos 12:1-2 «*presentéis vuestros cuerpos en sacrificio vivo…*»

Para Pablo la obediencia es un *sacrificio vivo,* es el único sacrificio de parte del hombre que Dios acepta. Ser obediente tiene su costo, es un *sacrificio.*

La *palabra vivo,* le habla al cristiano, que tiene la vida espiritual en Cristo Jesús; el sacrificio del inconverso es un 'sacrificio muerto', sin vida, porque es un esfuerzo humano.

La idea de *culto racional* habla que el sacrificio aunque vivo no comienza con los sentimientos, sino con la mente; de forma racional, la persona está consciente del costo y está dispuesto a pagarlo.

Dios manda a la obediencia, aunque no se tenga el deseo, aunque las emociones y sentimientos se rebelan contra la mente; La razón dice que es inteligente ser obediente porque el precio de la desobediencia siempre es mucho más alto que el de la obediencia.

Pablo sigue diciendo: «*No os conforméis a este siglo*», en otras palabras, que no tomemos la forma del mundo, no nos adaptemos a la forma de actuar y pensar del hombre que no conoce a Cristo. La meta es la t*ransformación por medio de la renovación de vuestro entendimiento.* La transformación y la renovación no se pueden hacer por sí solo, necesitamos pasar tiempo con Dios. No puede ser una transformación en la carne, con esfuerzos humanos; eso no es cristianismo, es conceptos de la nueva era, espiritualismo pagano; y por lo tanto, conduce al fracaso.

La renovación de la mente implica que, primero, su forma de pensar que trae de su viejo hombre no le va ayudar a reflejar el carácter de Cristo en su vida, tiene que ser *cambiada.*

Segundo, implica la posibilidad y la necesidad de una «*nueva mente*», la mente de Cristo. Es posible la transformación de la mente «del viejo hombre a la del nuevo hombre». Solo se puede tener la mente de Cristo conociendo lo que Él piensa. Y la manera más efectiva de conocer cómo una persona es y piensa es pasando tiempo con ella.

La palabra *comprobéis* es muy interesante; porque aquí viene la experiencia personal, el gran descubrimiento. El cristiano, que ya sospechaba que la voluntad de Dios era buena, y ya de forma intelectual la había aceptado para su vida, ahora puede comprobar que realmente es buena y agradable. Entonces exclama como Job, «*de oídas te había oído, mas ahora mis ojos te ven.*»

La resurrección de Lázaro

Recordemos, una vez más, la resurrección de Lázaro en el evangelio de Juan. Repasemos las etapas en esta experiencia. Vayamos a Juan 11.

1. Lázaro muere de forma progresiva.

No llega a la tumba inesperadamente, primero se enferma y luego termina muriendo.

2. Lázaro recibe la visita de Cristo y la vida a través de la Palabra: *Lázaro ven fuera*. Él camina con trabajo, pero comienza a caminar
3. Lázaro tiene que ser liberado de las vendas.

Él tenía vida, pero estaba atado, otra persona tenía que quitarle las vendas. No puede vivir la vida que Dios tiene para él con ataduras del pasado. De la misma forma, nosotros necesitamos la vida, que el poder de Dios quite las vendas de la esclavitud de la vida antigua. Cuando vivo sin vendas soy libre, verdaderamente libre. Eso es precisamente de lo que venimos hablando de transformación total.

Ya lo hemos dicho en algún momento, libres de vendas no significa *la salvación,* ni ocurre necesariamente en el momento de creer. Hay cristianos *con vida,* pero están todavía llenos a ataduras de costumbres de la vida pasada. Estos cristianos son salvos, pero no experimentan una vida en lo sobre natural. Cristo, aunque desea liberarlos y le ofrece todo su poder para que lo sean, espera que se rinda en obediencia y busque la llenura del Espíritu Santo. El fruto del Espíritu es la manifestación de una vida completamente libre de «vendas».

No es lo mismo: Permanecer en muerte a estar muerto

Hay un pasaje en 1 Juan 3:14 que dice: *«él que no ama., permanece en muerte.»*

El pasaje no dice que permanece muerto, sino *en muerte.* Una gran diferencia.

El cristiano no está muerto pero sí puede permanecer en muerte. Hubo un momento que Lázaro recibió la vida por la Palabra de poder y autoridad de Jesús, pero seguía dentro de la tumba atado, estaba vivo, pero estaba *en muerte,* esclavo; fue necesario un paso más. Ese paso, en Lázaro, fue seguido rápidamente después de su resurrección, pero en muchos de nosotros, puede ocurrir después de muchos meses y años de ser cristianos. Si somos cristiano, tenemos la vida espiritual, pero vivimos en libertad y en la vida abundante que Cristo nos ofrece, estamos *en muerte.* Si odiamos, si calumniamos, o murmuramos, si adulteramos, si estamos llenos de temor, si no amamos entonces estamos *en muerte.* Lo triste que pudiendo vivir la vida abundante que Cristo desea darnos, tomamos la decisión vivir en muerte. El día que tomemos la decisión de rendirnos incondicionalmente a Cristo, y busquemos su intimidad, ese día, será el comienzo de nuestro desplazamiento de vivir *en muerte* a vivir en la vida *de gloria en gloria.* A esto se refería Pablo cuando escribió: « *Porque el Señor es el Espíritu; y donde está el Espíritu del Señor, allí hay libertad. Por tanto, nosotros todos, mirando a cara descubierta como en un espejo la gloria del Señor, somos transformados de gloria en gloria en la misma imagen, como por el Espíritu del Señor.*

2 Corintios 3:17-18

La diferencia entre *«estar en»* y *«con» Cristo*

2 Corintios 5:17. «***Si alguno está en Cristo...***»

Somos nueva criatura cuando estamos en Cristo, pero hay una gran diferencia cuando estamos con Cristo.

El estar *en Cristo* se realiza por la obra del Espíritu Santo, en el momento de la conversión; pero estar *con* Cristo habla de intimidad. Cristo está vivo, es una persona real. No se conforma con estar *en el creyente,* Él desea estar *con el creyente.*

El estar con Cristo se realiza al pasar tiempo con Él durante el tiempo devocional y durante la sensación de estar ante la presencia de Dios durante todo el día. Con esto quiero decir, que Él está a nuestro lado siempre, en cada momento del día.

¿Ahora se da cuenta lo importante que es pasar tiempo con Dios? Es la única forma que el poder del Espíritu Santo quita todas las vendas para dar libertad plena.

Capítulo 5

La Transfiguración: El Efecto de Pasar Tiempo con Dios

Hemos estudiado que transformación es el cambio operado en nosotros producto de la acción de una fuerza ajena a la nuestra. Por nuestras propias fuerzas nunca daremos frutos, nunca podremos perseverar hasta el fin, nunca podremos ser santos, nunca podremos ofrecer un ministerio de poder y nunca podremos llegar a ser verdaderos discípulos de Cristo. No tenemos las fuerzas suficientes para ser transformados, se necesita el poder del Espíritu Santo actuando en nuestra vida.

Por otro lado, la transfiguración es la expresión visible de la gloria invisible de Dios en la vida del cristiano. La transfiguración es el resultado *natural* de pasar tiempo con Dios. El poder de Dios se mueve a través del cristiano reflejando Su gloria y así el mundo que contempla y vive en tinieblas, ve esa gloria reflejada en nuestras vidas.

Jesús lo dijo: «*vosotros sois la luz del mundo*» Mateo 5:14

Jesús espera que el creyente, muestre la luz. Esa luz se logra por medio de la intimidad con Dios. No puede crearse por medios humanos. Cuando pasa tiempo con Dios, transforma su manera de pensar y de vivir, reflejando su gloria, la luz que está en el interior.

Después de haber estado en el monte Sinaí con Dios, Moisés tenía que ponerse un velo, porque la gloria de Dios era tan fuerte que su piel era resplandeciente (Éxodo 34:33-34).

El Apóstol Pablo a la iglesia en Corinto le escribió, «*por tanto, nosotros todos, mirando a cara descubierta como en un espejo la gloria del Señor*, somos *transformados de gloria en gloria en la misma imagen*, como por el Espíritu del Señor.»

2 Corintios 3:18.

La traducción al lenguaje actual dice:

« Porque el Señor y el Espíritu son uno mismo, y donde está el Espíritu del Señor hay libertad. Y nosotros no tenemos ningún velo que nos cubra la cara. Somos como un espejo que refleja la grandeza del Señor, quien cambia nuestra vida. Gracias a la acción de su Espíritu en nosotros, cada vez nos parecemos más a él».

La traducción de Dios Habla Hoy, pone el mismo pasaje de la siguiente manera:

«18 Por eso, todos nosotros, ya sin el velo que nos cubría la cara, somos como un espejo que refleja la gloria del Señor, y vamos transformándonos en su imagen misma, porque cada vez tenemos más de su gloria, y esto por la acción del Señor, que es el Espíritu.»

Cristo se transfiguró ante sus discípulos
Lucas 9:28

En el evangelio de Lucas está el incidente de la Transfiguración de Cristo donde mostró su 'gloria', quien era Él realmente.

Un día seremos como Él es. Tendremos una transformación total y una verdadera transfiguración.

2 Corintios 4:11... «*la vida de Jesús se manifieste en nuestra carne mortal*.........................»

Eso, es precisamente a lo que es *transfiguración*, el reflejo de Cristo en la vida de sus discípulos.

Hay una gran diferencia entre una joya de oro en tu totalidad, y una joya que solo tienen un baño de oro. El joyero sabe la diferencia en calidad y en precio. Una persona común y corriente quizás se confunda; pero un ojo observador descubre la imitación enseguida. ¿Ha encontrado personas que son 'de oro puro? ¿Ha visto personas que solo son un baño de oro, pero nada más? Quien creo el refrán: «no todo lo que brilla es oro»; estaba en lo cierto y seguramente se refería a que hay personas que solo 'son joyas de imitación'.

El gran desafío, mis hermanos cristianos, es no seguir con el baño de oro, y dejar que la gloria de Dios surja con su resplandor desde nuestro interior. Cuando digo que hay que dejar el baño de oro, me refiero a dejar de tener una fachada de religiosidad, de cristianismo adulterado con el mundo. Me refiero a desear y buscar un cristianismo autentico.

¿Te gustaría que Dios quite ese baño de oro y te purifique completamente?

Que maravillosa experiencia cuando la gloria de Dios se refleje en la vida. Que sensación de limpieza cuando *el baño de oro* de la naturaleza carnal es removido y da paso al brillo del metal puro. Para que eso ocurra, es necesario que los siguientes pasos se lleven a cabo:

1. Romper con los patrones carnales de las cosas pasadas.

2 Corintios 5:17 «*De modo que si alguno está en Cristo, nueva criatura es; las cosas viejas pasaron; he aquí todas son hechas nuevas.*»

Nosotros traemos patrones de conducta de la vida sin Cristo, y estos patrones tienen que ser sustituidos por los nuevos operados por el Espíritu Santo. Que difícil se le hace al cristiano creer que *las cosas viejas pasaron; he aquí todas son hechas nuevas.*

2. Dejar de vivir dos vidas (Romanos 7).

El cristiano siempre está frente a la tentación de vivir dos vidas: la que desea vivir y la que realmente vive. No puede amar a dos señores: Ama a la carne o ama al Espíritu. El cristiano que trata vivir *dos vidas*, es miserable en las dos.

Es una aleación muy mala 'la comunión con el mundo' Un cristiano mundano (si eso fuera posible) no puede ser feliz.

3. Cambiar de rey en el corazón.

¿Cada persona le sirve a un rey? Hasta ahora, ha estado su «yo», su ego en el centro de su vida. Este tiempo de entronizar a Jesucristo. ¿Quién dicta nuestro comportamiento? ¿Qué criterio usamos para decidir? ¿Somos guiados por la naturaleza y sabiduría humana o por el Espíritu Santo que vive en nosotros?

Juan 8:32., «*Conocerás la verdad, y la verdad te hará libre.*»

Consideremos algunos aspectos importantes:

- La verdad es una persona
- A las personas solo se le conocen pasando tiempo con ellas.

4. Recordar que *el Ser* es más Importante que *el Hacer.*

Ministramos a partir de lo que somos, no por lo que hacemos. El *ser* se refiere al carácter; a la condición espiritual. Ahí es donde debe estar el énfasis de la vida cristiana, no en el *activismo.* Por eso Cristo, dijo en Juan 15, «*sin mi nada podéis hacer*» Cuando se trate 'hacer algo para Dios' sin la correcta relación con Dios a través de la obediencia, nada somos, nada tenemos y nada logramos.

5. Dejar la resistencia al cambio.

El miedo al cambio siempre es un factor obstaculizador al crecimiento.

El oro tiene que pasar por fuego. ¿Pero a quién le gusta el fuego?

El cambio no tiene que ser negativo; es más, el cambio tiene que ver precisamente con transformación y transfiguración.

El fuego que purifica al oro puede venir en forma de crisis. Parece que hace falta una crisis de extremo quebranto para hacer que nosotros busquemos el cambio de corazón.

Algunas veces una crisis dentro de la iglesia conducirá al liderazgo de una congregación a mirar dentro de sus corazones colectivamente de una forma nueva y más profunda.

Por otro lado, si el cristiano *genuino* quiere perder el baño de oro para que surja el verdadero metal, sin fachadas, ni máscaras; tendrá que profundizar y estar dispuesto a sufrir molestias y la aflicción que forman parte de explorar lo bueno y lo malo que hay en mí.

Una persona emocionalmente sana se somete a este chequeo del corazón regularmente.

En su libro, *Una Iglesia emocionalmente Sana,* Peter Scazzero escribe:

«La intensidad de mi participación en las disciplinas espirituales no habían infundido madurez espiritual en mi vida.»

La meta no es el cambio de las circunstancias a nuestro alrededor, sino el cambio en nuestro interior, o mejor dicho, el objetivo es permitirle a Dios cambiarnos, y que manifieste su gloria en nosotros.

Veamos otro versículo que habla de la morada, transformación y la transfiguración.

Juan 14:13-23.

Versículo 13. El Padre aumenta su gloria a través de las obra del hijo. «*Yo lo haré, para que el Padre sea glorificado en el Hijo.*»

Versículo 17. «*El Espíritu de verdad mora en vosotros y estará en vosotros.*»

Versículo 19. «*porque yo vivo, vosotros también viviréis.*»

Versículo 21. Habla de obediencia, de la relación de amor Padre, Hijo y el cristiano…*y me manifestaré.*

Quiere decir que lo que Él es y hace a través del cristiano eso es transfiguración.

El cristiano obediente que está en comunión con Cristo, manifiesta de forma sobrenatural la gloria de Dios, y va de *gloria en gloria.*

"*Porque el mismo Dios que mandó que la luz brotara de la oscuridad, es el que ha hecho brotar su luz en nuestro corazón, para que podamos iluminar a otros, dándoles a conocer la gloria de Dios que brilla en la cara de Jesucristo.*» 2 Corintios 4:6. Dios Habla Hoy (DHH)

Finalmente, un día nuestros cuerpos mortales sufrirán una transformación total y final. Eso se llama *Glorificación.* Un día, Dios hará su obra sobre los cristianos, cuando Él transforme nuestros cuerpos físicos, mortales a cuerpos eternos inmortales con los cuales habitaremos para siempre.

El Apóstol Pablo *dice* «*Porque nuestra ciudadanía está en los cielos, de donde también ansiosamente esperamos a un Salvador, el Señor Jesucristo, el cual transformará el cuerpo de nuestro estado de humillación en conformidad al cuerpo de su gloria, por el ejercicio del poder que tiene aun para sujetar todas las cosas a sí mismo.*» Filipenses 3:20-21.

1ª Corintios 15:42-44: «*Así también es la resurrección de los muertos. Se siembra en corrupción, resucitará en incorrupción.*

43. Se siembra en deshonra, resucitarán en gloria; se siembra en debilidad, resucitará en poder.

44. Así también está escrito: Fue hecho el primer hombre Adán alma viviente; el postrer Adán, espíritu vivificante.»

Jesús es el primer resucitado de entre los muertos en un cuerpo glorificado. Él es llamado las primicias de la creación.

1ª Corintios 15:20 dice: «*Mas ahora Cristo ha resucitado de los muertos; primicias de los que durmieron es hecho.*»

Debido a que Él es el primero de los frutos, nosotros seguiremos. Su resurrección es la promesa y garantía de nuestra futura resurrección.

Al describir los atributos de los cuerpos resucitados, podemos lograr ciertas cualidades debido a las apariciones de Cristo después de su resurrección.

Primero, Él conservó las heridas de su crucifixión como señal de un cuerpo visible (Juan 20:27-28). Tendremos un cuerpo capaz de ser reconocido por los ojos humanos, pero a la vez de trascender el espacio.

Segundo, Jesús tenía también la habilidad para aparecer y desaparecer de acuerdo a Su voluntad. Marcos 16:14 dice: «*Finalmente se apareció a los once mismos, estando ellos sentados a la mesa, y les reprochó su incredulidad y dureza de corazón, porque no habían creído a los que le habían visto resucitado.*»

En Juan 20:27 encontramos: «Luego dijo a Tomás: *Pon aquí tu dedo, y mira mis manos; y acerca tu mano, y métela en mi costado; y no seas incrédulo, sino creyente.*»

Tercero, la muerte, enfermedades, envejecimiento no tendrían poder sobre el cuerpo glorificado.

1ª Corintios 15:51-53 dice: «*He aquí, os digo un misterio: No todos dormiremos; pero todos seremos transformados,*

52. en un momento, en un abrir y cerrar de ojos, a la final trompeta; porque se tocará la trompeta, y los muertos serán resucitados incorruptibles, y nosotros seremos transformados.

53. Porque es necesario que esto corruptible se vista de incorrupción, y esto mortal se vista de inmortalidad.»

Capítulo 6

Niveles de Intimidad con Dios

¿Está dispuesto a acercarse más a Dios?

Dios nos invita a la intimidad cuando nos dice: «*Acerquémonos, pues, confiadamente al trono de la gracia, para alcanzar misericordia y hallar gracia para el oportuno socorro.*» (Hebreos 4:16)

Aspectos claves sobre los niveles de intimidad:

1. Los niveles de intimidad no son niveles cronológicos; no tienen nada que ver con el tiempo de haber nacido de nuevo, ni con el conocimiento bíblico que la persona pueda tener.

Los fariseos, y los escribas del tiempo de Jesús, tenían mucho conocimiento de las escrituras; pero eso no los hacía más cerca a Dios.

Debemos recordar que no es lo que sabemos de la Biblia lo que nos acerca a Dios, es lo que practicamos de la Biblia lo que hace la transformación espiritual.

2. Los niveles de intimidad no son niveles secuenciales.

Las personas no tienen que pasar por uno para llegar al otro. A veces una fuerte crisis en la vida nos lleva del nivel más elemental hasta el nivel de mayor intimidad, sin tener que detenernos en niveles intermedios.

3. Los niveles de intimidad no son niveles irreversibles.

Eso quiere decir que una vez que usted pasa de un nivel a otro, puede regresar al nivel anterior si vuelve al comportamiento anterior. Un descuido de su parte lo llevará a hábitos, vicios de la vida carnal que lo alejará de la intimidad con Dios.

Cada vez que usted regresa a un nivel anterior se va debilitando más y más; y se le hace más difícil volver a encontrar la satisfacción espiritual que en un momento llegó a tener. Pero con todo eso la persona que por descuido vuelve a un nivel anterior, tiene algunas herramientas que le pueden ayudar a buscar la intimidad. Primero, tiene el conocimiento adquirido por la experiencia; ya sabe cómo se siente estar cerca de Dios. Cuando usted saborea la buena comida de la intimidad con Dios, nadie le puede *hacer un cuento; o* como se dice, *vender gatos por liebre.* Segundo, tiene la información necesaria para comenzar el proceso de acercamiento a Dios; ya en un momento lo viviste, ahora sabe que sí es posible. Dios está cercano a los que le buscan de corazón.

4. Los niveles de intimidad no son niveles alcanzados por todo el mundo de la misma manera.

Unos llegan con una simple invitación, como Zaqueo, otros llegan, como Saulo de Tarso, con un fuerte resplandor de Su gloria, y otros tras una fuerte crisis espiritual como Pedro.

5. Los niveles de intimidad no son niveles que se alcanzan con esfuerzos humanos.

El hombre tiene su participación en la obediencia, y en dependencia a la voluntad de Dios; pero es Dios en su soberanía quien decide revelarse al hombre en cada nivel; a Su hora y en Su momento. No se puede manipular, controlar, ni obligar a Dios mostrar su persona, sus propósitos, y su poder. Está en el hombre el deseo de acercarse más a Dios confiada y obedientemente.

6. Los niveles de intimidad no se logran sin pasar tiempo, sin comunicación, y sin estar en la presencia de Dios.

Por eso hemos mencionado la importancia del tiempo devocional diario, de comunicarnos con Dios a través de la oración, la lectura de la Biblia y el silencio. Y por último cultivar la sensación de que Dios está presente en cada etapa, decisiones y movimiento de nuestra vida. Nuestra vida está compuesta por etapas de crecimiento, de madurez espiritual, emocional, intelectual y física. En cada una de esas etapas Dios nunca ha estado, ni estará ausente. Si miramos hacia atrás, vemos a través de los años cómo Dios ha estado presente. Nuestras acciones están formadas o afectadas por nuestras decisiones. Aun en esos momentos cuando hemos ignorado las indicaciones del Espíritu Santo, de nuestra conciencia, de las amistades, de las experiencias nuestras y de los demás, aun en esos momentos de rebeldía, Dios ha estado ahí.

El Espíritu Santo tiene como función aguantar o frenar la obra de Satanás en el mundo. ¿Se imagina usted su vida sin esa influencia positiva? Dios ha estado cerca de usted, aunque no se haya dada cuenta.

En el evangelio de Marcos 4:14-20, encontramos la parábola del Sembrador, donde el Señor nos explica en los niveles de intimidad que una persona se encuentra. El primer terreno no ha nacido de nuevo, no es cristiano, los otros tres sí. Dos muestran al cristiano carnal: uno no tiene crecimiento, y el otro no tiene fruto; y el cuarto terreno, representa al cristiano espiritual, que da fruto y vive en lo sobrenatural.

Dice Jesús:

«14 *El sembrador es el que siembra la palabra.*

15 *Y éstos son los* ***de junto al camino****: en quienes se siembra la palabra, pero después que la oyen, enseguida viene Satanás, y quita la palabra que se sembró en sus corazones.*

16 Estos son asimismo los que fueron ***sembrados en pedregales****: los que cuando han oído la palabra, al momento la reciben con gozo;*

17 pero no tienen raíz en sí, sino que son de corta duración, porque cuando viene la tribulación o la persecución por causa de la palabra, luego tropiezan.

18 Estos son los que fueron sembrados ***entre espinos: los que oyen la palabra****,*

19 pero los afanes de este siglo, y el engaño de las riquezas, y las codicias de otras cosas, entran y ahogan la palabra, y se hace infructuosa.

20 Y éstos son los que ***fueron sembrados en buena tierra****: los que oyen la palabra y la reciben, y dan fruto a treinta, a sesenta, y a ciento por uno.*»

LOS NIVELES DE INTIMIDAD CON DIOS

1. **El nivel de la intimidad del gozo de la salvación**.

Este es el nivel de intimidad más elemental. La persona que recién acepta a Cristo y nace de nuevo tiene el gozo del primer amor.

Comienza a leer la Biblia, y descubre verdades espirituales que ante no conocía. Este periodo de *luna de miel,* va a durar dependiendo de algunos factores: primero, cuán responsable es la persona de mantener su tiempo devocional; y segundo, cuán rápido e intenso llegan los ataques de Satanás a la vida del nuevo creyente.

Según la palabra del sembrador, los ataques de Satanás vienen de dos frentes, la persecución, y los afanes de este mundo. La persona se enreda en los asuntos del mundo y por ende, no encuentra oportunidad para tener su tiempo devocional. Y así se va alejando de Dios de tal forma, que por un lado *tropieza* y por otro lado, su vida se hace *infructuosa*. Tropezar quiere decir, que comienza a dudar de su salvación, y de todas las realidades espirituales que en un momento experimentó.

Por otro lado, se *hace infructuosa* que significa sin fruto. Cuando el cristiano descuida su tiempo devocional debido a que los afanes de este mundo consumen todo su tiempo y energía, pierde la comunión con el Espíritu Santo y no da evidencia de vida espiritual; está sin frutos. Un cristiano que vive más para el mundo que para Dios se hace inútil a los propósitos divinos para su vida y para el mundo.

2. **El nivel de la intimidad a través del compromiso con el servicio.**

En este nivel estaba Marta cuando Jesús llegó a su casa. Una característica clave de este nivel es el querer adorar a Dios a través del servicio.

Veamos el incidente de Marta afanada por servir correctamente a Jesús. Está en el evangelio de Lucas 10:38-42

38 *Aconteció que yendo de camino, entró en una aldea; y una mujer llamada Marta le recibió en su casa.*

39 *Esta tenía una hermana que se llamaba María, la cual, sentándose a los pies de Jesús, oía su palabra.*

40 Pero Marta se preocupaba con muchos quehaceres, y acercándose, dijo: Señor, ¿no te da cuidado que mi hermana me deje servir sola? Dile, pues, que me ayude.

41 Respondiendo Jesús, le dijo: Marta, Marta, afanada y turbada estás con muchas cosas.

42 Pero sólo una cosa es necesaria; y María ha escogido la buena parte, la cual no le será quitada.

El nivel del gozo de la salvación es el nivel de intimidad más superficial que existe en el cristiano. Al nacer de Nuevo le entregamos sinceramente nuestro corazón a Él. Cuando tenemos una relación personal con Jesús, podemos recibir una mayor revelación acerca del amor del Padre y vivir una vida que ama a los demás.

El nivel de la intimidad a través del compromiso al servicio comienza cuando el cristiano entiende que debe ser obediente en el servicio a Dios y al prójimo a través de sus dones y talentos recibidos por el Espíritu Santo.

Estos son los que quieren agradar a Dios, pues sienten un gran agradecimiento por la salvación por gracia. Son trabajadores sinceros. Experimentan placer al servir a Jesús.

Pero, no han cambiado sus pensamientos, o su forma de hablar. Se rehúsan a restaurar las relaciones rotas, perdonar o pedir perdón. En algunos casos, se dejan dominar por su naturaleza carnal y viven siglos de culpa y arrepentimiento; en otros casos, toman una actitud cínica frente al pecado, y llegan a pensar: *«hace mucho tiempo que estoy peleando con este pecado, no lucharé más, el Señor entiende, Él es amor.»* Los que están en este nivel, trabajan para el Señor, pero no conocen al Señor, porque no pasan tiempo con Él y sus ministerios son ministerios carnales.

En este nivel el *hacer* toma prioridad el *ser*. Se ha perdido el enfoque, porque están tan ocupados por hacer algo para Dios que descuida lo más importante, la persona del Espíritu Santo.

Aunque dicen amar a Dios, su tiempo a solas con él es muy poco, descuidan la oración y la lectura de la Biblia. Se puede notar la gran distancia entre las creencias deseadas a las creencias practicadas; creen una cosa, pero practican otra cosa. Por ejemplo, en este nivel, el cristiano dice que la oración es importante pero casi nunca toma tiempo para orar. Dice que el diezmar es Bíblico pero no es diezmador; dice creer en la evangelización pero nunca habla a sus amigos de Cristo. Conoce la Biblia pero no la practican.

¿Qué áreas de sus vidas aún intentan controlar, en lugar de rendirlas ante Dios? ¿Están dispuestos a disminuir de tal manera que Dios pueda aumentar en sus vidas?

3. **El nivel de la intimidad a través de la adoración.**

Es el nivel donde estaba María el día de la visita de Jesús.

«*Esta tenía una hermana que se llamaba María, la cual,* ***sentándose a los pies de Jesús, oía Su Palabra****. Pero Marta se preocupaba con muchos quehaceres, y acercándose, dijo: Señor, ¿no te da cuidado que mi hermana me deje servir sola? Dile, pues, que me ayude. Respondiendo Jesús, le dijo: Marta, Marta, afanada y turbada estás con muchas cosas. Pero sólo una cosa es necesaria; y* ***María ha escogido la buena parte****, la cual no le será quitada.*» (Lucas 10:38-42)

Este es un nivel más profundo que el anterior, porque combinan el servicio con la adoración. Pone atención a su mundo interior; la voz suave del maestro. Adorar encierra poner atención, escuchar y contemplar su presencia para poder conocer la voluntad de Dios.

Jesús le dijo a la samaritana, que llegaría el momento que la verdadera adoración tenía que ser en «*Espíritu y en verdad*». Estos son los que quieren adorar a Dios en verdad; pero se olvidan de la parte *en espíritu.* Los coros, himnos, cantos, y alabanzas que damos al Señor tienen que ser doctrinalmente sanos; pero eso no es suficiente; tiene que haber una conexión espiritual entre el corazón de Dios y el corazón de quien adora. Tenemos que adorar con la mente, pero también con el corazón y el espíritu. Podemos tener la información correcta, y la actitud incorrecta.

Quien entre en el nivel de la intimidad a través de la adoración, se acerca a Dios por etapas; todavía están luchando con pensamientos '*de la vida pasada'*. Estas son áreas que todavía no han podido entregar a Dios por completo. Tienen etapas de mucha espiritualidad, pero por falta de constancia, regresan a patrones de conductas carnales.

Estos son los que tienen conocimiento Bíblico, comprenden las escrituras y quieren agradar a Dios; quieren el agua de vida, pero como la Samaritana, tienen que ir todos los días al pozo, no tienen el *agua de vida corriendo en sus corazones.* Carecen de la disciplina espiritual para mantener su tiempo devocional diario. Los cristianos en este nivel son los que van a las vigilias, y retiros de oración; de vez en cuando practican el ayuno; se compran devocionarios; y hacen un esfuerzo grande por cuidar su testimonio, y vivir en santidad.

Para reemplazar las creencias negativas, se necesita algo más que «una frase clave» de la Biblia que sea contraria a las antiguas creencias. No es suficiente con que el cerebro memorice un nuevo versículo; se necesita algo más que un versículo nuevo, necesito una nueva fe. La fe nace de la revelación, cuando Dios habla al corazón iluminándolo con nuevos conceptos de las Santas Escrituras. Por ejemplo, son los que saben que Dios perdona, o que Dios es poder, o que Dios es misericordioso; y quieren adorar a Dios por todos esos atributos; pero no han pasado por las circunstancias dolorosas que los lleve a decir como Job: '*de oída te había oído, mas ahora mis ojos te ven'*. Por lo tanto, los que están en este nivel de intimidad generalmente pasan a un nivel de mayor intimidad con Dios después de una experiencia dolorosa que les pone a prueba sus creencias, produciendo una crisis espiritual y les lleva a buscar a Dios como en el caso de María la hermana de Lázaro.

Veamos las circunstancias en la vida de María que la llevó del nivel de intimidad a través de la adoración al nivel de mayor intimidad con Dios.

- Ella quiere aprender de Jesús, le ama; y se sienta a escucharle; para ella es importante estar cerca de Jesús. Mientras su hermana está afanada sirviendo en la carne; ella escucha en devoción.
- En medio del dolor y la preocupación de la enfermedad del hermano manda llamar a Jesús; ella tiene fe que Él tiene poder para sanar.
- Ella espera cuatro días, y un pensamiento le cruza por su mente, *no somos importantes para Jesús.* Su creencia que Jesús ama a la familia se pone a prueba; eso es la crisis de la creencia. El silencio de Dios, esa sensación de que Dios esta lejos, es difícil de soportar. En medio de la crisis, es atacada principalmente con dos pensamientos: «*Jesús no me ama, no soy importante para Él; y Jesús no tiene poder, tengo que pasar esta situación solo; tengo que resolver el problema por mi propia cuenta.*».
- Después que Lázaro muere, Jesús llega. Ella piensa que es demasiado tarde. Ahora no hay nada que hacer. Pero pongan atención; Jesús no entra a la casa, Él manda a llamar a María. El no pasa a consolarla, ni darle un abrazo con simpatía. El se queda afuera, y da órdenes: *busquen a María, dile que estoy aquí.* Ahora, María con el dolor de la muerte del hermano (un dolor emocional), más el dolor

de la decepción (un dolor espiritual), sufre una crisis de obediencia: María tiene que decir si sale a recibir a Jesús o se queda llorando dentro de la casa.

- Ella se levanta, quizás más por obediencia que por deseo, más por disciplina que por devoción; todavía sin entender el porqué de su demora, pero ella va. Se acerca a Jesús, y le comunica como se siente, herida pero sigue amando; con duda pero sigue creyendo; confundida pero sigue confiando.
- Es fácil pensar que desde el día que Jesús realizó el milagro de la resurrección de su hermano Lázaro, ella nunca jamás fue la misma. Ella entendió que Jesús no quiso sanar al enfermo porque Él tenía que enseñarle una verdad más profunda: *Él tiene poder para resucitar a un muerto porque Él es la resurrección y la vida.* El nivel de intimidad a través de la adoración nos lleva al nivel de lo sobrenatural; el nivel donde ocurren los milagros por la mano poderosa de Jesucristo, si vencemos la crisis de la obediencia; y en medio del dolor seguimos amando, y obedeciendo a Dios solo por el hecho que Él es bueno y es amor.

Si en medio del dolor de una crisis o problema de la vida, no nos amargamos o nos resentimos contra Dios; esas experiencias por muy negativas que sean, van a fortalecer nuestra fe; y entonces pasamos a un nivel de intimad más profundo con Dios.

4. **El nivel de la vida cristiana comprometida**.

Este es el nivel en el que estaban los discípulos de Emaús cuando no creían que Jesús se había levantado de entre los muertos; también es el nivel donde estaba Lázaro en el momento de haber sido resucitado por Jesús; «vivo pero con vendas». Este es el nivel de los comprometidos pero no de los rendidos; hay una gran diferencia entre compromiso y rendición. La persona comprometida todavía tiene áreas en sus vidas que Cristo no es el dueño; el compromiso puede ser parcial; la rendición siempre es total. La persona que se rinde pierde control y poder; lo entrega todo; sin reservas ni condiciones.

Aquí el cristiano ha entendido que tiene que ser un discípulo; quieren seguir a Jesús, pero todavía luchan con los tres tipos de pecado que afectan al cristiano: el pecado de rebeldía, de ignorancia, y de esclavitud.

Al nivel de la vida cristiana en esclavitud pertenecen los que abandonan el tiempo devocional porque están muy ocupados. Cuando viene el tiempo de prueba su fe se desvanece y caen en una tristeza espiritual que se olvidan de los milagros que un día Dios hizo a través de ellos, y para ellos. Entonces se alejan incrédulo del compañerismo de los hermanos y hasta llegan a dudar de que Dios pueda escuchar las oraciones.

Viven etapas de alto nivel de espiritualidad, pero luego se olvidan de las promesas de Dios, el temor le corta la fe, se preocupan, y tratan de resolver sus problemas en la carne; son los que dejan de orar y leer la Biblia porque la tristeza no los deja concentrarse en las cosas espirituales. ¿Cuantos cristianos hay que luchan por un pecado que los tiene atado de tal forma, que no pueden desprenderse de ellos?. Quieren ser libres, pero no pueden.

Es el nivel del profeta Isaías cuando recibió la visión de la Gloria de Dios y reafirmó su llamamiento en capítulo 6 del libro de Isaías.

Isaías ignoraba que tenía pecado en su boca; no sabemos a ciencia cierta cuál era; pero sí sabemos que el serafín tocó en visión sus labios, y Dios lo declaró limpio. Podemos especular, que su pecado consistía en hacer juicio sin misericordia, proclamar la verdad del mensaje sin compasión, o hablar guiado por el conocimiento humano, y no con el corazón limpio.

El capítulo seis del libro de Isaías marca el comienzo de una misión especial en el ministerio profético de Isaías. Es el antes y el después de la transformación espiritual. Es la diferencia entre un ministerio formado por los recursos humanos y el de un ministerio fortalecido por el Espíritu Santo. Ahora tiene una visión clara de Dios, entiende mejor sus motivaciones humanas y comprende el gran peligro en que se encontraba el pueblo. Pero lo más impresionante es que su respuesta fue: '*Heme aquí; envíame a mí.*'

Isaías comprendió ese acto no sólo como de salvación, sino también de comisión. Después de la purificación de Isaías, Dios habló y el profeta se puso a disposición de Dios. Su vida ya no era suya. Isaías pudo también entender que Dios tenía interés en la condición del mundo y que Dios tenía confianza en él y le daría las fuerzas para predicar un mensaje fuerte, impopular y sin que nadie respondiera positivamente.

¡Dios llama, Dios prepara, Dios bendice!

Cuando se ve ante la gloria de Dios, Isaías recibió la luz espiritual para conocer su pecado oculto. Pasar tiempo con Dios es como 'encender' una fuerte luz en una habitación oscura; toda la suciedad sale a relucir.

El primer grupo de pecados que inhabilita al cristiano para vivir una vida en lo sobrenatural, es el pecado de ignorancia.

El rey David dijo en el Salmo 19:12: ¿Quién *podrá entender sus propios errores?, líbrame de los que me son ocultos.*

Estos son los pecados que cometemos, pero que han formado parte de nuestro estilo de vida que pasan desapercibidos.

El segundo grupo de pecados que el cristiano comete es de rebeldía o desobediencia. Son aquellos que se cometen aun a sabiendas que desagradan a Dios. Por ejemplo, cristianos chismosos, calumniadores, mezquinos, adúlteros, etc.

El tercer grupo de pecados son los pecados de esclavitud. Es una verdad sorprendente, pero muy verdadera. Hay cristianos que pudiendo ser libres son esclavos de algún pecado en su vida. Es posible aceptar a Cristo por fe, recibir la salvación; pero todavía ser esclavo de un hábito o costumbre, o vicio de la vida antigua. Estos cristianos esclavos son como Lázaro con vida, pero dentro de la tumba, envuelto en las vendas de muerto.

Dice el relato bíblico que Jesús dio tres órdenes aquel día: «*Quitad la piedra; Lázaro ven fuera* y *desatadlo para que pueda caminar.*» (Juan 11:41-44)

Las dos etapas que experimentó Lázaro fueron: volver a la vida y ser libre de las vendas que le impedían caminar. El tenía vida, pero estaba atado.

5. **Por último, el nivel de más intimidad con Dios es el nivel de la vida en lo sobrenatural.**

Es el nivel más cercano a Jesús; es el nivel donde estaban los amigos íntimos de Jesús, Pedro, Jacobo y Juan; y es el mismo nivel donde llegaron los demás discípulos después que presenciaron la gloria de resucitado.

Lo dejan todo para seguirle; creen sin haber visto. Ellos tienen el privilegio de ver a Cristo glorificado. Tienen el privilegio de ser parte de milagros.

Cuando Jesús fue a sanar a la hija de Jairo, solo permitió que Pedro, Jacobo y Juan entraran.

Moisés estuvo en este nivel de intimidad cuando subió al Sinaí.

La persona que llega a este nivel de intimidad con Dios es capaz de renunciar y dejar atrás lo que sea, para seguir al Señor, sin importar la tortura que les venga. Su corazón arde por el Señor. Estos rinden sus sueños, planes y propósitos, para que el Señor ponga en ellos los de Él. Rinden sus planes, vidas y metas, por los del Señor. Son como Josué. Aman a Dios con el corazón y prefieren ir a la cárcel antes de ofender a Dios.

En este nivel están los que muestran el fruto del Espíritu, porque muestran la llenura del Espíritu Santo; porque han descubierto que necesitan la comunión con Cristo constantemente y se dejan controlar por Él. No viven solo momentos de éxtasis, ni son los que solo sienten al Espíritu, son los que conocen al Espíritu Santo porque pasan tiempo de comunión con Él. Irónicamente la mayoría de las personas que llegan a ese tipo de intimidad con Dios son quienes pasan por el fuego de la prueba como los amigos de Daniel, en el horno de fuego en Babilonia. O como David, después del pecado de asesinato y adulterio exclama: *contra ti contra ti solo he pecado.* O como Pedro, después de una triple caída en la negación se arrepienten y vuelven al seno de los hermanos. O como el hijo pródigo, que después de haber estado lejos del Padre, regresa arrepentido pidiendo perdón.

Las personas que pasan por un periodo de crisis muy intenso, experimentan en carne propia el dolor de la desobediencia, la rebeldía, y la profundidad del hoyo de la desesperación. Entonces su vida descubre por experiencia personal el valor del perdón, de la salvación por gracia, del poder para levantar al caído que tiene Dios. Los que llegan a este nivel de intimidad con Dios saben lo débil que es la condición humana y que al primer descuido en su tiempo devocional comienza el peligro.

Ellos se convierten en vidas muy agradecidas, y dadivosas con su tiempo, dinero, talentos, porque recibieron *mucho amor, al sentirse grandemente perdonados;* y se sienten deudores al Señor.

Este nivel son los que aman con el corazón, con la mente y con la voluntad.

(1) Amar a Dios con todo nuestro corazón y toda nuestra alma es darle nuestro afecto, cariño, nuestro tiempo. Nuestro tiempo dedicado a otra persona es la mayor expresión de amor por esa persona. Si tú amas mucho quieres pasar

tiempo con la persona amada. Si quieres pasar tiempo con una persona es señal que la amas.

(2) Amar a Dios con nuestra mente es darle nuestra atención a Él.

(3) Amar con toda nuestra fortaleza es darle nuestras actividades a Él.

El amor y la intimidad van de la mano. El amor se manifiesta cuando deseamos, adoramos, servimos, nos preocupamos por la otra persona.

La intimidad habla de cercanía, compartir cosas en conjunto; aceptación mutua, exponer el corazón, confianza, conexión emocional.

La zona de Intimidad es el lugar de encuentro de dos personas. Algunos la llaman la zona de la vulnerabilidad porque allí no pueden existir sospechas, desconfianzas, camuflaje y reservas.

Cuando pasamos tiempo con Dios se produce una fuerte conexión espiritual, y comenzamos a conocer a la persona de Dios.

Cada día, cada hora, y cada minuto deberá consistir en adorar a Dios

Pablo dice en Filipenses 3:10, « *a fin de conocerle, y el poder de su resurrección, y la participación de sus padecimientos, llegando a ser semejante a él en su muerte.*»

Versículo 11 «*si en alguna manera llegase a la resurrección de entre los muertos.*»

Pablo estaba diciendo que:

(1) Él quería conocer a Cristo. Pero si ya él lo conocía; ya él se había encontrado con Jesús en el camino a Damascos. Pablo quería conocer más íntimamente a Cristo. La versión amplificada de la Biblia dice que: «conocer» significa «llegar a ser progresivamente mucho más profunda e íntimamente relacionado con El, percibiendo

y reconociendo y comprendiendo las maravillas de Su Persona más fuerte y claramente».

(2) Experimentar el poder de su resurrección
(3) sufrir como él sufrió, y aun morir como él murió.
(4) ¡y espero que Dios me conceda resucitar de los muertos!

Conclusión

Dice el apóstol Pablo que: «*Ahora que estamos unidos a Cristo, somos una nueva creación. Dios ya no tiene en cuenta nuestra antigua manera de vivir, sino que nos ha hecho comenzar una vida nueva. Y todo esto viene de Dios. Antes éramos sus enemigos, pero ahora, por medio de Cristo, hemos llegado a ser sus amigos, y nos ha encargado que anunciemos a todo el mundo esta buena noticia: Por medio de Cristo, Dios perdona los pecados y hace las paces con todos.*» (2 Corintios 5:17, Traducción en lenguaje actual)

Es mi deseo que usted pueda dar el giro hacia una nueva dirección. No importa los ajustes que tenga que hacer, vale la pena la comunión con Dios. Para algunas personas, esos ajustes serán solo algo pequeño, para otras será algo gigantesco. Debe comenzar con un cambio de mentalidad hacia la vida cristiana. Como el hijo pródigo que volvió al hogar.

Cuando camino lejos

Autor: Julio Cesar Navarro Olivares

Cuando camino lejos, solo lloro y recuerdo,
Recuerdo aquellos viejos tiempos,
Tiempos donde solíamos vernos,
Donde te buscaba y me abrazabas con un verso

Cuando camino lejos y me llamas,
Cuando se oscurece el alma y se enciende el lamento.
Son en esos momentos cuando quiero salir corriendo,
Son en esos momentos donde me quiero quitar el velo

Cuando camino lejos... y ya no veo la mano que me alzaba
Cuando camino lejos y deseo estar cerca, volver...
Volver al primer amor que en un segundo encontré...
Y en un segundo también olvidé...

Cuando camino lejos... es donde recuerdo los poemas de amor,
Y te escribo una carta de perdón, que espero que se responda pronto...
¿Cuánto anhelo volver a mi hogar?
¿Cuánto anhelo sentarme de nuevo a la mesa a comer?

Cuando camino lejos, es donde el atardecer pasa al anochecer,
Y una frase... "Cuando esté más oscuro, es cuando está pronto el amanecer"
Y una voz que dice: "vuelve, te quiero ver"
Y el latido de mi corazón... y una lágrima de arrepentimiento que abraza el perdón

Cuando camino lejos... es cuando me quieres tener cerca
Cuando camino lejos... es cuando más me anhelas
Cuando camino lejos... es cuando recuerdo los primeros momentos
Cuando camino lejos... es cuando me acuerdo que me amas...

Cuando camino lejos, me viene a la mente el pasado
Y ahí es donde recuerdo de donde me has sacado
Lloro y canto a la misma vez, algo que sale de mi corazón
Lloro y adoro a la misma vez, el salmo de salvación

Cuando camino lejos, la poesía termina
Corro desesperado a mi hogar con lágrimas rodando por mi mejilla
Corro de vuelta a donde pertenezco
Y me quebranto al verte esperándome, como un Padre espera a un hijo con sus brazos abiertos…

Esta nueva dirección también tiene un nuevo enfoque: hay un nuevo destino adonde ir; sabemos lo que Dios quiere para nosotros; nos movemos hacia la comunión con Dios.

Por último, la nueva dirección habla de una nueva actitud. Todos estos años hemos oído la palabra compromiso; pero ahora en la nueva dirección hablamos de rendición. Ahora en una mejor disposición para conocer a Dios nos rendimos a su voluntad. Pablo decía, *ya no vivo yo, mas Cristo vive en mí.*

Isaías después de contemplar la gloria de Dios, respondió: «*heme aquí envíame a mí*».

Podemos tener compromiso sin rendición, pero sin rendición no tendremos un compromiso total e incondicional. Por eso el orden correcto, sería rendición, y luego como un proceso natural nos comprometemos. La rendición debe ir primero porque es la que permite el poder del Espíritu Santo tomar el control de lo que somos y lo que hacemos. El compromiso llega hasta donde nuestras fuerzas alcanzan llegar; sin embargo, cuando nos rendimos, llegamos hasta donde las fuerzas de Dios alcanzan llegar; a un poder sobrenatural. Quien sea el dueño de tu vida, tiene tu compromiso. Cuando nos rendimos delegamos el control de nuestra vida a Dios; y nos comprometemos

En el evangelio de Lucas 24, esta la historia de dos discípulos camino a la aldea de Emaús.

Ellos recibieron la revelación de Cristo resucitado, y cambiaron el sentido de su vida; cambiaron la dirección que llevaban. Ellos carecían de la revelación, sus ojos están cubiertos para ver a Cristo resucitado, por lo tanto mientras creían que Jesús estaba muerto, llevaban una dirección marcada por la tristeza, el aislamiento, la ceguera espiritual, la derrota. (Lucas 24)

La vida de ellos mientras Cristo estaba muerto

(1) Estaban tristes, hablaban palabras 'derrotados'
(2) Estaban retirándose de la comunión de los demás discípulos. Te imaginas, los demás discípulos diciendo que Jesús había resucitado, y ellos pensaron irse a una aldea a 12 millas de distancia; hay que estar bien deprimido.
(3) Estaban cegados por el dolor del fracaso

Fe es ver lo invisible; la tristeza y la falta de fe se combinan para no ver el poder de Dios.

Ya ellos habían oído los testimonios de las mujeres, de los discípulos pero no creían. Estaban todavía en el Jesús muerto.

La vida de ellos cuando reciben la revelación de Cristo resucitado

Cuando Jesús se le revela a ellos:

1. Le reconocieron; comprenden que es El
2. Comprenden las escrituras, ahora, el velo se le quita.

«Para reemplazar mis creencias negativas, necesito algo más que "una frase clave" de la Biblia que sea contraria a mis antiguas creencias. No es suficiente con que mi cerebro memorice un nuevo versículo que contradiga la creencia negativa que yo tenía; necesito algo más que un versículo nuevo, necesito una nueva fe. La fe nace de la revelación, cuando Dios habla a mi corazón iluminándome con nuevos conceptos de las Santas Escrituras.»

3. La emoción del corazón toma sentido. *versículo 32 dice, «no ardía nuestro corazón en nosotros.»*
4. Regresaron, (15 kilómetros, 12 millas de recorrido) ya era tarde.

Antes se iban de Jerusalén, ahora cambian su dirección. Nueva dirección.

Cuando recibe revelación, no le tiene miedo a la oscuridad. La oscuridad espiritual se desaparece ante la luz de Cristo resucitado

«¿A quién tengo yo en los cielos sino a ti?

Y fuera de ti no hay nada en la tierra que deseo.

Mi carne y mi corazón desfallecen:

Pero la fuerza de mi corazón y mi porción es Dios, para siempre.» Salmo 73:25-26.

«Irán de fuerza en fuerza, Verán a Dios en Sión.» Salmo 84:5-7.

La traducción en lenguaje actual (TLA), dice:

«¡Qué felices son los que de ti reciben fuerzas, y de todo corazón desean venir hasta tu templo!

Cuando cruzan el valle del Llanto, lo convierten en manantial; hasta las lluvias tempranas cubren el valle con sus bendiciones. Mientras más avanzan, más fuerzas tienen, y cuando llegan a tu templo te contemplan a ti, el Dios verdadero.»

Otro punto importante es que cuando recibe revelación saca fuerzas de donde no hay.

«Mi *Dios, pues, suplirá todo lo que les falta, conforme a Sus riquezas en gloria en Cristo Jesús. A Dios, pues, y Padre nuestro sea gloria por los siglos de los siglos.»* **Filipenses 4:19-20**

«El da fuerza al cansado, y multiplica las fuerzas al que no tiene ninguna.

Hasta los jóvenes se fatigan y se cansan, los muchachos flaquean y se caen:

Pero los que esperan en Jehová tendrán nueva fuerza; levantarán las alas como águilas, correrán y no se cansarán, caminarán y no se fatigarán.» Isaías 40:28-31.

«Sean fuertes y tengan ánimo; no teman, ni tengan miedo de ellos, porque Jehová su Dios es el que va con ustedes; no les dejará ni les abandonará.» Deuteronomio 31:6.

Cuando se recibe revelación la fe se activa a una vida sobrenatural.

Como el cuerpo necesita de alimento físico; así la fe necesita de alimento; pero es un alimento espiritual.

«...pero tenemos a este tesoro en vasos de barro, para que la alteza del poder sea de Dios, y no de nosotros. Estamos atribulados en todo, pero no angustiados; en apuros, pero no desesperamos; perseguidos, pero no desamparados; abatidos, pero no perecemos; llevando siempre por todas partes la muerte de Jesús en el cuerpo, para que también la vida de Jesús sea manifestada en nuestros cuerpos. Porque nosotros que vivimos, siempre estamos entregados a muerte por causa de Jesús, para que también la vida de Jesús sea manifestada en nuestra carne mortal.» 2 Corintios 4:7-11

«Bendito sea el Dios y Padre del Señor Jesucristo, el Padre de misericordias, y el Dios de toda consolación, el cual nos consuela en todas nuestras tribulaciones, para que podamos también nosotros consolar a los que están en cualquiera angustia, con la consolación con que nosotros somos consolados de Dios. Porque de la manera que abundan en nosotros las aflicciones de Cristo, así abunda también por el mismo Cristo nuestra consolación.» 2 Corintios 1:3-5

La victoria es de Dios, no es nuestra;

«...en todas estas cosas hacemos más que vencer, por medio de Aquel que nos amó. Por lo cual estoy cierto que ni la muerte, ni la vida, ni ángeles, ni principados, ni potestades, ni lo presente, ni lo por

venir, ni lo alto, ni lo bajo, ni ninguna criatura nos podrá apartar del amor de Dios que es en Cristo Jesús nuestro Señor» Romanos 8:37-39

Con una revelación de Cristo resucitado, podemos tomar una nueva dirección. Pidamos a Dios una 'revelación' de su gloria

Efesios 1:17, dice: «*...para que el Dios de nuestro Señor Jesucristo el Padre de gloria, os de espíritu de sabiduría y de revelación en el conocimiento de Él, alumbrando los ojos de vuestro entendimiento, para que sepáis cual es la esperanza a que Él os ha llamado, y cuales las riquezas de la gloria de su herencia en los santos, y cual la supereminente grandeza de su poder para con nosotros los que creemos, según la operación del poder de su fuerza.*»

Pablo oraba por los cristianos de Éfeso para que Dios les diera espíritu *de sabiduría y de revelación*

a. Sabiduría: es tu disposición de buscar a Dios. Es de sabio buscar a Dios como la fuente de vida. Hay personas que en medio de sus problemas, recurren a cualquier persona o cosa; y por último a Dios. Una persona sabia busca a Dios primero, ante todo.
b. Revelación: Busca a Dios con sinceridad, y humildad de corazón; y Él se manifiesta de forma sobre natural.

También Pablo oraba para que su mente recibiera la luz que le capacitaría entender lo que Dios tendría para ellos. Eso es precisamente lo que significa la frase *alumbra los ojos de vuestro entendimiento. L*a gente que tiene revelación camina por caminos correctos, los hijos de Dios que tienen revelación caminan con los ojos bien abiertos porque la luz les resplandece y no se desesperan frente a los problemas. El cristiano tiene expectativa de un futuro mejor. La esperanza que recibimos por revelación de Dios, es la confianza de ver la luz al final del túnel; es la seguridad que en cualquier momento Dios se hace presente interviniendo en su vida con su poder.

Pablo también habla de *las riquezas de la gloria de su herencia en los santos y La supereminente grandeza de su poder*

Si el cristiano va a enfrentar los ataques de Satanás, que anda como león rugiente buscando devorar, necesita el poder de Dios.

Ahora, la revelación es traída únicamente por el Espíritu Santo de Dios, la revelación no la podemos discernir como un proceso normal de la mente humana, necesitamos la luz de la gloria de Dios revelada en nosotros, y así seremos capaces de discernir las bendiciones que Dios tiene para nosotros. La mente humana tiene una capacidad limitada de percibir los eventos naturales que suceden en su medio ambiente. La mente humana solo puede entender de forma muy limitada la información, pero tu espíritu lo que recibe es revelación, el Espíritu Santo de Dios se conecta con tu Espíritu y es el que te trae revelación.

La revelación divina solo es traída por el Espíritu Santo. Lo opuesto a la revelación de Dios es la ignorancia, el diablo quiere que no tengas revelación de Dios. El trata de segarte el entendimiento y que con un espíritu de arrogancia no busques ayuda; el auxilio del Espíritu Santo.

El diablo va a hacer todo lo posible para que usted no tenga revelación de Dios, porque el diablo lo que quiere es mantenerlo en la ignorancia. Necesita sabiduría para entender esta verdad. Por esta razón Pablo oraba que los cristianos de Éfeso recibieran espíritu de sabiduría y de revelación (Efesios 1:17)

El diablo quiere que viva y muera en la ignorancia, porque él quiere que usted sea un inútil toda la vida y que no tenga discernimiento y revelación de Dios. Las cosas que sabe pueden traerle vida, pero la ignorancia le trae muerte.

Sabes que en hebreo la misma raíz de la palabra ignorancia es la misma raíz de la palabra tinieblas, en el antiguo testamento hablar de ignorancia es la misma raíz que se utiliza para la palabra tinieblas y la Biblia dice que ¿quién es el príncipe de las tinieblas? Satanás es el príncipe de las tinieblas.

¿Has oído la frase, estaba en tinieblas, para referirse a 'no sabía' 'ignoraba esto o aquello'? Una de las riquezas de la Gloria de Dios es darte luz sobre tu capacidad de entender las cosas y salgas de la ignorancia espiritual. Todo comienza y termina con la Gloria de Dios. Cuando buscas la intimidad con Dios, puedes comprender que El Espíritu Santo mora en ti, y la presencia del Cristo resucitado está caminando junto a ti; y como los discípulos de Emaús en el capítulo 24 de Lucas, esa revelación produce en ti una transformación maravillosa

Una vida en lo sobrenatural es lo opuesto a una vida natural.

1. La vida en lo natural es creer después de ver; la vida en lo sobrenatural es creer para ver.

Cada día nos damos cuenta que existen cosas y la aceptamos como reales aunque no las vemos. Por ejemplo, el amor, el dolor, el miedo a la muerte. ¿Verdad que nada de eso ha podido ser puesto en una bandeja, y lo has podido ver con tus ojos?, lo sientes, pero eso mismo, ¿Qué es los sentimientos?; algo que sabes que existe pero no puedes explicar. Hay un mundo espiritual real y puedes tener contacto con él.

Un médium o una persona poseída por el demonio es una persona controlada por una fuerza espiritual superior a ella. Y si alguna vez se te ocurre dudar de la existencia del demonio alegando porque no le puedes ver, al ver una persona endemoniada, dejaras de dudar. El mundo espiritual existe.

2. La vida en lo natural es reaccionar de forma negativa los sucesos negativos de la vida; la vida en lo sobrenatural es reaccionar de forma positiva, como Cristo reacciono

mientras estaba en esta tierra viviendo entre los hombres. Jesucristo enseñó y vivió una vida sobrenatural

3. La vida en lo natural es alimentada por los deseos de la carne, los deseos de los ojos, y la vanagloria de la vida; la vida en lo sobrenatural es alimentada por tu intimidad con Dios.

1 Juan 2:16, *porque todo lo que hay en el mundo, los deseos de la carne, los deseos de los ojos, y la vanagloria de la vida, no proviene del Padre, sino del mundo.*

Y esto es lo que el mundo ofrece: los malos deseos de la naturaleza humana, el deseo de poseer lo que agrada a los ojos y el orgullo de las riquezas

a. Los deseos de la carne.

Se refiere a los deseos de de tu naturaleza humana. Estos son deseos que están dentro de ti y por lo general son malos. Aunque el hombre es capaz de hacer actos heroicos y buenos; por lo general su inclinación natural es hacia lo malo. Esa inclinación natural se llama *pasión*.

La pasión es buena cuando se trata de darle vida a algo o hacer algo con vida. A veces nos referimos a jugar un deporte *con* pasión; o hacer un trabajo *por* pasión. El primero significa que hagamos el deporte con vida, con entusiasmo; pero el segundo se refiere a que no lo hagamos obligado, por deber sino que lo hagamos por amor. Como quiera que sea, la pasión del hombre es limitada y pronto se acaba. Por lo tanto, la pasión es una fuerza interior de muy poca duración.

b. Los deseos de los ojos.

Se refiere a las cosas que usted ve y que lo atraen. Esos son deseos que usted cultiva después de haber mirado algo, y le agrada y hace cualquier cosa para poseerlo. Es un estímulo del exterior que va a alimentar su naturaleza humana: rebelde, ambiciosa, egoísta, orgullosa; hasta el punto que *lo llega a poseer.* Por esa razón los deseos de los ojos hablan de *posesión,* del verbo poseer. Pero no crea que usted posee las cosas materiales; ellas llegan a poseerlo a usted. Por ejemplo, dice usted: esta es mi casa, tengo un trabajo, poseo un automóvil. La verdad es otra, vive en tanto afán y con tanto egoísmo que todas esas cosas lo poseen a usted. Con el tiempo esas cosas que *entraron por los ojos* te llegan a poseer de tal forma que llegas a ser esclavo de ellas. Con la excusa que hay que disfrutar de la vida nos apegamos tanto a ellas que pasamos de la etapa de: querer las cosas porque nos gustan; a querer las cosas que necesitamos. Déjame explicarme, cuantas cosas las vemos, nos gustan, y la compramos entonces decimos '*esto lo tengo que tener porque lo necesito*' cuando es una mentira; en la mayoría de las veces no es una necesidad es un deseo de tener algo que no necesitamos.

c. La vanagloria de la vida.

Aquí, la vida se refiere al mundo físico que te rodea, que son vana, sin valor permanentes (que duran); ni estables. Uno de los deseos del alma es la estabilidad y la seguridad. Si las cosas que te está ofreciendo este mundo no son seguras ni estables, son vanas.

La vida natural esta llena de afanes, problemas, y cargas que van haciendo insoportable la existencia.

La vida en lo sobrenatural espera el cielo y nos deja saborear en esta vida la presencia de Dios; y todos los beneficios espirituales que conlleva. La vida sobrenatural supone una nueva *realidad,* tan verdadera como la vida en el mundo natural.

Los ojos nos capacitan para ver las realidades naturales; pero sin fe nos capacita para ver el mundo espiritual que existe y nos acerca a Dios. Lo que es mas sorprendente aun, comenzamos a experimentar realidades espirituales mucho antes que lleguemos al cielo.

La vida natural se deja dominar por los impulsos, y razonamiento humano. La vida en lo sobrenatural busca ser obediente a la voluntad de Dios.

Pablo dice, *todo me es lícito, no todo conviene.*

En conclusión, hay por lo menos seis razones para buscar la intimidad con Dios:

- Usted ama a Dios y es un placer estar en su presencia.
- Usted es transformado de gloria en gloria a la semejanza de Cristo, con la comunión con el Espíritu Santo.
- El Espíritu Santo lo unge y lo llena de poder para el trabajo del ministerio.
- Cuando pasa tiempo con Dios es fortalecido para resistir las pruebas de este mundo.
- Al pasar tiempo con Dios, su gloria se refleja en la vida de usted y de esa forma puede traer el cielo a la tierra en una transfiguración espiritual.
- La intimidad con Dios produce un alto grado de agradecimiento por todo lo que Él ha hecho en su vida.

El salmista deseaba la comunión con Dios. En el Salmo 27: 4, dice «*Una cosa he demandado a Jehová, ésta buscaré; Que esté yo en la casa de Jehová todos los días de mi vida, Para contemplar la hermosura de Jehová, y para inquirir en su templo*»

Una traducción de ese pasaje la pone de esta forma: «*Dios mío, sólo una cosa te pido, sólo una cosa deseo: déjame vivir en tu templo todos los días de mi vida, para contemplar tu hermosura y buscarte en oración*»

Hoy es el día en que debe volver a su intimidad con Dios, Hoy es el día de revivir con más fuerza aquellos momentos de entrega, devoción y búsqueda que antes tenía con Él. Hoy es el día de decir: ¡Ya basta! No me dejo dominar mas por cosas que no me aprovechan. Si en este momento anhela volver a su intimidad con Dios, haga conmigo esta oración:

Padre Nuestro que estás en los cielos, en este momento reconozco que he fallado al dejar mi intimidad contigo, te pido perdón, renuncio a todo aquello que esta estorbando en mi relación contigo, me aferro a tu palabra y gracias te doy porque de hoy en adelante tu comunión será intima conmigo ya que caminare en temor para que me hagas conocer tu Persona, tu voluntad y Poder, en el Nombre Poderoso de Jesús… amén.

Apendices

- MI CITA A SOLAS CON DIOS

De la misma manera que nosotros como padres, nos gusta tener una relación de amor y momentos a solas con nuestros hijos, así también Dios busca una relación individual con sus hijos. A Él le interesa que usted y yo vayamos a buscar su rostro "a solas" con Él. Es en esos momentos a solas con Dios es cuando mi confianza en Él va creciendo porque lo conozco personalmente cada día un poco más. (No sólo conocer de Él sino conocerlo a Él)

Considere siempre que su cita con Dios no es algo «obligatorio», sino que es un privilegio. Y que es un privilegio tan grande de debe ser obligatorio. Es decir, acércate a Dios con gozo, y expectativa. Si te vas a reunir con alguien que amas no vas a empujones. Tu salvación no depende de tus tiempos devocionales (Efesios 2:8-9), pero si será muy dudoso que un verdadero cristiano no quiera pasar tiempo a solas con Dios

Además, este tiempo, no es algo "mágico", no es una fórmula para obtener cosas sino una manera de fortalecer tu comunión con Dios.

No hay una forma "correcta" de tener tu cita con Dios. En una relación siempre hay un toque de singularidad. Ahora, si bien no hay una forma "correcta", sí hay ciertos principios que son esenciales:

«Una cosa he demandado a Jehová, ésta buscaré; Que esté yo en la casa de Jehová todos los días de mi vida, Para contemplar la hermosura de Jehová, y para inquirir en su templo.» [Sal 27.4]

El hacer la *cita para tu tiempo devocional con Dios* es una decisión personal y consciente, va mucho más allá del estado de ánimo o de lo ocupado que la persona esté. Es una necesidad como comer, aunque a veces no sienta deseo de comer, sé necesita la alimentación. No hay sustituto para el alimento que se recibe a través de La Palabra de Dios.

Si al principio siente que no puede, que Dios no le habla, no se desaliente. Persevere en mantener su tiempo devocional. Necesita aprender a escuchar a Dios y eso a veces requiere tiempo. Si vas al gimnasio no ves los resultados terminando la primera serie de ejercicios, pero si eres constante los resultados serán evidentes pronto. No te desanimes, recuerda que Él ha enviado Su Espíritu para enseñarte Su voluntad a través de La Palabra, ten confianza, Él lo hará.

A una hora específica

Cualquiera que sea la hora que establezcas sé constante en ella. Anótala en tu calendario Haga una cita con Dios como la que haría para ir a ver al médico, o para reunirse con una persona importante. ¡Haga una cita con Jesucristo! Luego espere ese momento con ilusión y no lo deje plantado. Una cita incumplida no es una experiencia agradable para ninguno de nosotros, y a Jesucristo no le gusta que lo dejen esperando. Así que haga una cita con Él y manténgala a toda costa.

¿Cuánto tiempo debo compartir con el Señor?

Si usted nunca ha mantenido un rato a solas con Dios antes, pudiera empezar con cinco minutos y dejarlo aumentar naturalmente. Debiera proponerse invertir no menos de quince minutos al día con el Señor. De 168 horas que todos tenemos a la semana 1 hora y 45 minutos parece terriblemente poco cuando considera que fue creado para mantener comunión con Dios.

Lo mas importante al principio es formar la costumbre de sacar tiempo para reunirte con Dios; comienza de menor a mayor.

ESCOGE UN LUGAR ESPECIAL

El lugar donde pasas el tiempo a solas con Dios, es importante. La Biblia señala que Abraham tenía un lugar en donde se reunía regularmente con Dios. Jesús acostumbraba orar en el jardín de Getsemaní. «Jesús salió como siempre hacia el Monte de los Olivos, y sus discípulos lo siguieron.»

El lugar ha de ser un lugar tranquilo; y de ser posible, que sea un lugar especial, dedicado solo para tu tiempo de intimidad con Dios. Un lugar donde pueda estar solo, donde haya quietud, y donde no lo puedan distraer o interrumpir.

Elige un lugar fijo en tu casa; un lugar donde no seas interrumpido por nada ni nadie y has de ese lugar tu espacio especial donde siempre te encontrarás con Dios. Eso te ayudará a no distraerte y perder el tiempo buscando dónde acomodarte para hacer tu devocional.

Ten listas todas las cosas que vas a necesitar: Una Biblia, un cuaderno, un lápiz, etc. Guárdalas en el lugar donde siempre hagas tu devocional. El tener todo listo evitará tener que levantarte a buscar algo que hubieras olvidado, y así podrás seguir concentrado en lo que Dios te va diciendo, sin distracciones.

Necesitarás traer a tu cita cada día tu Biblia, un cuaderno de apuntes para escribir lo que el Señor te enseña y para hacer una lista de peticiones, un lápiz, y un CD con música de adoración -

Mi cita a solas con Dios

TEXTO: ______________________________
FECHA: ______________________________

1. **ORE:**

Haga una oración corta saludando al Espíritu Santo y pide su ayuda.

Lo primero que vamos a hacer es orar para pedirle a Dios que nos ayude a escucharle y que podamos ver cuál es Su voluntad.

Haz una oración corta, que te ayude a recordar delante de quién te estás presentando y que alinee tu corazón con el de Dios.

Cierra tus ojos, y mentalmente acércate ante la Presencia de Dios.

Espera en el Señor, mantente tranquilo, pacientemente por unos minutos: no llegues corriendo ante la presencia de Dios y empieces a hablar inmediatamente.

Sigue el consejo de Dios: «*Estad quieto y conocer que Yo soy Dios.*» Mantente callado por un pequeño instante para entrar en un clima de reverencia.

Ora brevemente. Es una introducción breve para pedirle a Dios que purifique tu corazón y te guíe hacia un momento de unión. Dos buenos pasajes de la escritura para memorizar son:

- «*Escudríñame Oh Dios y conoce mi corazón; pruébame y conoce mis pensamientos ansiosos, ve si hay en mi algún camino malo y guíame en el camino eterno.*» (Salmo 139, 23-24; ver 1 Juan 1,9)

- «*Ábreme los ojos para que pueda ver las cosas maravillosas de tu ley.*» (La Palabra de Dios) Salmo 119:18; Juan 16:13.

¡Necesitas estar en armonía con el autor para poder entender su libro!

2. **LEA**

Lea el pasaje bíblico despacio y esté atento a lo que Dios tiene que decir.

3. **MEDITE:**

Repase el texto y emplee las siete preguntas de meditación y aplicación.

En este momento hay algunas cosas que ya ha marcado en la Biblia que le han llamado la atención,

Pregúntele a Dios qué Él quiere decirle.

4. **ESCRIBA Y APLIQUE:**

Escriba su aplicación personal de lo que ha leído. Pregúntese: ¿Cómo puedo aplicar el principio bíblico que aprendí hoy?

Cuando aplicamos la Biblia a nuestra vida cotidiana, estamos siendo hacedores de la misma, y no solamente oidores.

Anote lo que Dios le está enseñando. Cuando Dios le habla a través de su Palabra, anote lo que ha descubierto. Escribirlo te permite recordar lo que Dios te ha revelado y revisar tus descubrimientos bíblicos. Anotar lo que Dios te ha enseñado es el camino a la aplicación de lo que ves en la Escritura que se relaciona con tu vida.

5. **MEMORICE UN VERSÍCULO**

Trate de memorizar un versículo bíblico todos los días o por lo menos 3 versículos semanales. Recuerde que la Biblia que te forma espiritualmente es la que se recuerda.

6. **ORE**

Tenga un momento de oración de petición. Después que Dios te ha hablado a través de Su palabra, háblale.

Conversa con Dios; haz silencio de vez en cuando, dándole tiempo a que te responda; recuerda que la oración es un diálogo, no un monólogo.

No estés más interesado en contarle a Dios tus problemas, que en conocerlo. Recuerda, que no hay nada que le puedas informar a Dios, que ÉL ya no conozca.

¿Qué pasa si pierdes un día?

No te preocupes si a veces no puedes mantener tu cita con Dios. Trata de no hacerlo, pero si por alguna razón no puedes mantener el tiempo devocional, no te desanimes. Un día no ocasiona un fracaso. No te rindas. Si pierde una comida, no significa que vas a dejar de comer para siempre. Simplemente debes comer un poco más en la próxima comida y continuarás adelante. Este principio se aplica a tu rato a solas con Dios.

Para que tu momento a solas con Dios se convierta en un hábito debes tratar que sea diario por lo menos durante cuatro semanas.

¿Cómo lograrlo?

1. Haz una resolución firme.

El tiempo devocional debe ser una prioridad en tu vida. Es una decisión importante que no puedes seguir posponiendo.

2. Trata que no *saltes ni un día* durante las primeras cuatro semanas.

3. Confía en el poder de Dios.

Estás en una batalla espiritual que solo vencerás con la ayuda del poder del Espíritu Santo de Dios. Así que ora para que Dios te fortalezca y dependas de Él para que te ayude a desarrollar este hábito para su gloria.

UNA ORACIÓN DE COMPROMISO

«Señor, me comprometo a tener un tiempo a solas contigo todos los días, no importa el precio. Estoy dependiendo en Tu fuerza para que me ayudes a ser consistente»

4. Estable la hora, y el lugar donde vas a tener tu tiempo devocional.

5. Comienza hoy. Hoy, es el mejor momento; no mañana, la semana que viene. Hoy...

6. Comienza de menor a mayor.

No trates de comenzar con una hora, o largos periodos de tiempo. Es más efectivo comenzar con cinco minutos, después ir incrementando el tiempo a medida que vas creciendo en la intimidad con Dios.

La diferencia en un líder controlado por su naturaleza humana a un líder controlado por el Espíritu Santo.

Áreas de Evaluación	Pastor guiado por su naturaleza humana: Carne	Pastor guiado por el Espíritu Santo
Centro de atención.	Pone su mayor atención en las necesidades de la gente.	Su atención es en la relación con Dios; lo que Dios quiere.
Esclavo	De la gente: deseos, y opiniones humanas.	De Cristo.
Fuente de sus sermones.	Conocimiento humano: Lo que lee, sus estudios.	Del tiempo a solas con Dios.
Trato con la gente	Manipula a su gente. Controla. Utiliza a la gente para edificar su ministerio.	Guía, Influencia a su gente. Da libertad para actuar y discrepar. Utiliza su ministerio para edificar a la gente.
Utiliza sus recursos	Se pasa la vida apagando fuego.	Su meta es formar discípulos.
Actitud frente a los errores	Trata de justificar sus errores, ignorarlos, y culpar a otros.	Toma responsabilidad por sus desaciertos, pide perdón.

Áreas de Evaluación	Pastor guiado por su naturaleza humana: Carne	Pastor guiado por el Espíritu Santo
Estilo de trabajo	Le gusta trabajar solo. Es un Llanero solitario.	Entiende el valor del equipo y Forma equipos de trabajo.
Utilización el tiempo	Mas tiempo con la gente, menos tiempo con Dios.	Mas tiempo con Dios, tiempo de calidad con su gente.
Estilo de predicación	Condena, juzga, critica Sabes que las persona van al infierno, pero no sientes carga por su condición espiritual	Motiva, exhorta, desafía a vivir mejor. Muestra el peligro del infierno, le duele, y es parte de la solución.
Crecimiento de la iglesia	Usa excusas, y razona muy carnalmente. Sabotea el crecimiento de la iglesia. Llega a ser el mayor obstáculo.	Entiende su responsabilidad, y busca forma para mejorar el rendimiento. El pastor es el instrumento que Dios usa para guiar a su pueblo a la salud espiritual.
Visión	Sueña grandes cosas para Dios.	Pide revelación de Dios; para soñar los sueños de Dios.
Se ocupa en formar	Miembros; seguidores en la carne.	Discípulos; seguidores comprometidos.
Trato con la comunidad	Se mantiene alejado de las necesidades de la comunidad; o la participación es mínima.	Participa; la luz alumbra en las tinieblas. Entiende la importancia de participar en la comunidad.
Resolución de Conflicto	Los evita, los ignora, y hasta crea mas conflicto.	Tiene la gracia y sabiduría de Dios para resolverlos.
Formación de Lideres	Aleja a las personas que tienen potencial. Busca seguidores.	Atrae a las personas con potencial. Busca lideres.

La diferencia en un cristiano controlado por su naturaleza humana a un cristiano controlado por el Espíritu Santo.

Áreas de evaluación	Cristiano guiado por su naturaleza humana: la carne	Cristiano en el Espíritu.
Centro de atención.	Lo más importante son sus necesidades.	Dios; lo que Dios quiere.
Esclavo.	Es esclavo de sus deseos, y opiniones humanas. Es egoísta	Busca agradar a Cristo en todo. Usa el lema de Pablo, *ya no vivo yo, mas vive Cristo en mi.*
Fuente de gozo, paz.	Depende de las circunstancias para ser feliz	Del tiempo a solas con Dios
Trato con la gente.	Utiliza a la gente para beneficio propio.	Respeta la opinión ajena. Da libertad para actuar y discrepar.
Utilización de sus recursos: tiempo, dinero, talentos, dones.	Es tacaño cuando se trata de dar en la obra de Dios. Se cree dueño.	Para glorificar a Dios en todo. Se cree mayordomo.
Actitud frente a los errores.	Trata de justificarlos, ignorarlos, culpar a otros	Toma responsabilidad, pide perdón.
Trato con su familia	Utiliza la crítica, la ironía, la burla, gritos	Es sensible a sus errores y pide perdón

Áreas de evaluación	Cristiano guiado por su naturaleza humana: la carne	Cristiano en el Espíritu.
Visión.	Sueñas grandes cosas para su propio placer. Hacer grandes inversiones en su propio beneficio	Pide revelación de Dios para poder invertir su vida solo en aquello que manifieste la gloria de Dios
Trato con Dios.	Busca a Dios solo cuando tiene problemas.	Su tiempo devocional es lo más importante. Busca la intimidad con Dios.
Trato con los problemas.	Se desespera, quiere una respuesta rápida de parte de Dios.	Su comunión con Dios le da fe, fortaleza y sabiduría. Vive confiado.
Resolución de conflicto.	Evita enfrentar los conflictos, los ignora, y hasta crea más conflicto.	Tiene la gracia y sabiduría de Dios para resolverlos.
Compartir a Cristo.	Habla muy poco de Cristo, porque tiene muy poco que compartir. Casi nadie sabe que es cristiano.	Desea compartir a Cristo, porque es lo más grande que le ha pasado en la vida.
Utilización el tiempo.	Más tiempo para lo material; no tiene tiempo para Dios. Se preocupa más por su cuerpo que por su espíritu.	Más tiempo con Dios, menos tiempo con las atracciones del mundo. Se preocupa más por su espíritu que por su cuerpo.

DIFERENTES MODOS DE ORAR

1. **La oración escrita: escribir una oración a Dios**

Es escribirle una carta a Dios. Poner por escrito lo que le quisieras decir a Dios. Puedes comenzar con: «*Querido Padre Celestial…..*

2. **La oración leyendo un salmo en forma personal.**

Es necesario pronunciar cada frase de un salmo cualquiera lentamente, haciendo una pausa en cada palabra o en cada frase del salmo. Y entonces, leer el salmo de manera personal, orándolo a Dios.

Se trata de profundizar en un sentido, y de tomar la actitud interior que las palabras nos sugieren. Es así como podemos elevar el alma a Dios. Podemos apoyarnos en la oración vocal para después poder pasar a otra forma de oración.

Todos los pasos en la vida se dan con apoyo y la oración vocal es un apoyo para las demás. La palabra escrita es como un puente que nos ayuda a establecer contacto con Dios. Por ejemplo, si yo leo "Tú eres mi Dios" y trato de hacer mías esas palabras identificando mi atención con el contenido de la frase, mi mente y mi corazón ya están "con" Dios.

3. **La oración contemplativa, o silenciosa.**

Es guardar silencio en presencia de Dios. Este es el punto donde culminan todos las formas de orar. Es el momento en que se interrumpe la lectura, o se deja la reflexión sobre un acontecimiento, una idea o un pasaje del Evangelio. Se da, cuando ya no hay deseos de seguir lo demás, se ha encontrado al Señor con toda sencillez, después de recorrer un camino.

Hemos experimentado interiormente que Dios nos ama a nosotros y a los demás. Es guardar silencio en presencia de Dios con un sentimiento de admiración, de confusión, de gratitud, cuando nos sentimos invadidos por la grandeza de Dios y su amor hacia nosotros y nos ofrecemos a Él.

La oración contemplativa es mirar a Jesús detenidamente, es escuchar su Palabra, es amarlo silenciosamente. Puede durar un minuto o una hora. No importa el tiempo que dure ni el momento que escojamos para hacerla.

Es necesario para tener una oración contemplativa los siguientes aspectos:

a) Búsqueda de la presencia: Olvidarnos de todo lo demás, encontrándonos con Él tal y como somos, sin tratar de ocultarle nada.
b) Disposición del corazón. Querer conocer a Dios es nuestro mayor anhelo. No se puede amar lo que no se conoce. Al mirarlo debemos tratar de conocerlo en su interior, sus pensamientos y deseos.
c) Dejar que Él te mire: Su mirada nos iluminará y empezaremos a ver las cosas como Él las ve.
d) Escucharle con espíritu de obediencia, de acogida, de adhesión a lo que Él quiere de nosotros. Escuchar atentamente lo que Dios nos inspira y llevarlo a nuestra vida.
e) Guardar silencio: Silencio exterior e interior. En la oración contemplativa no debe haber discursos, sólo pequeñas expresiones de amor. Hablar a Jesús con lo que nos diga el corazón.

4. **La oración de Adoración, y alabanza**

La oración de adoración y alabanza, capta a Dios haciendo algo en la vida. Es la constante sensibilidad a notar que Dios siempre está obrando alrededor de nosotros.

Nada nos toca más personalmente que la gloria de Dios. Él nos ama con un amor personal, no en "general".

A cada uno nos toca en lo más profundo de nuestro ser. Sólo al experimentar ese amor vamos a reconocer nuestros pecados, y a corresponder a Dios con un amor personal que invada nuestra vida y la transforme.

Atentos a Dios y a su constante acción, aprenderemos a notar a Dios en cada cosa de nuestro día, a que nuestras acciones sean como las de Él, a encontrar a Dios en todos los acontecimientos y circunstancias de la vida, en cualquier hecho y en todo hombre.

La oración debe dar sentido a cada una de nuestras actividades, a cada minuto de nuestra vida. El encuentro con Dios que se produce en la auténtica oración, debe perdurar durante todo el día dándoles un colorido especial a las cosas.

Quien ora con profundidad, descubre a Dios en todo y establece un diálogo continuo con Él. La unión con Dios abre el corazón a su amor y el amor lo llena todo.

La oración nos debe llevar a la conversión, a cambiar internamente para cambiar el mundo y construirlo desde Jesucristo.

5. **La oración que usa cantos o alabanzas.. o cantar usando la oración.**

Una buena manera de orar es cantando las canciones que han sido escritas como oración, con una letra significativa.

Además de ayudarnos a interiorizarlas, es fácil recordar con la música la letra de una oración. Por ejemplo, la canción que declara la fidelidad de Dios que dice:

Tu fidelidad es grande, tu fidelidad incomparable es;
Nadie como tu bendito Dios, grande es tu fidelidad…

Esta es una oración que siempre alimentará tu alma cada vez que la cantes. Es una oración con música. Y así, como esta hay muchas alabanzas que son una oración dirigidas directamente a Dios.

6. **La oración conversacional**

Esta oración es para llevarla a cabo en grupo. Se le orienta a cada presente en la reunión que cada uno diga frases u oración corta. La idea no es cerrar la oración, sino continuarla hasta que la mayoría haya entrado en la conversación con Dios.

Los aspectos importantes son que las oraciones sean cortas, y que las personas puedan entrar en la conversación en varias ocasiones, nadie comienza o termina la oración.

7. **La oración conectada con el estudio bíblico.**

Por ejemplo, toma una cita del Evangelio y léela despacio. Si una idea te parece interesante, detente y en tu diario de oración, escribe una nota breve sobre el pasaje que acabas de leer. Profundiza en la idea. Sigue leyendo despacio y meditando en lo que estás leyendo. Si no entiendes un párrafo, vuelve a leer las veces que sea necesario para entender la idea que Dios te quiere dar a conocer. Si de pronto viene un pensamiento que te impresiona mucho, cierra tus ojos y saca todo el jugo a ese pensamiento aplicándolo a tu vida.

Saca un propósito concreto para tu vida. Si de pronto sientes ganas de platicar con Dios, hazlo. Pídele fuerza, agradécele, adóralo. Si no pasa nada especial, sigue con tu lectura.

Contempla a Dios en el Evangelio por el tiempo que quieras. Haz silencio dentro de ti para escucharlo a Él, para que Dios pueda hablarte de los planes que tiene para ti y el mensaje que quiere darte a través del pasaje que acabas de leer.

Hazte un propósito de vida de acuerdo a esta meditación del Evangelio.

Por ejemplo, lee las siguientes parábolas de Jesús en los evangelios; y escucha lo que Dios tiene para ti:

Lucas 10:25. El buen Samaritano.

Mateo 13:1-23. El Sembrador.

Mateo 18:21-35. El mayordomo injusto.

Juan 8:2-11. La mujer sorprendida en adulterio.

8. **La oración de ofrecimiento**

Dios nos lo ha dado todo y nos sigue dando todo. Muchas veces cuando nos acercamos a ÉL es para pedirle, pero no para ofrecerle.

Aquí te doy algunos ejemplos de cosas que pudieras ofrecerle a Dios por el amor que le tienes.

- *Señor, tú das el tiempo. Hoy estoy dispuesto a devolverte mi tiempo. Los 1440 minutos del día, te los entrego. Tú me das 168 horas a la semana, yo las voy a dedicar todas a ti,*
- *Señor, tú me has dado mi cuerpo. A veces me he quejado por mis dolores, imperfecciones físicas, mis limitaciones, perdóname por no darme cuenta que mi cuerpo es la mejor máquina diseñada por ti para que funcione maravillosamente. Hoy te quiero ofrecer lo que soy, y lo que pueda ser en el futuro.*
- *Señor, tú me has dado mis talentos, habilidades, y dones espirituales. A veces se me ha olvidado que todo lo que tengo viene de ti. Hoy te ofrezco todo lo que tengo.*
- *Señor, me has dado mi familia. Te doy gracias por mi familia, y te ofrezco cualquier esfuerzo que tenga que hacer para que mejore la relación con mi familia. Dime, que te parece, sobre cualquier esfuerzo que debo hacer.*

- *Señor, tú me has dado mis amigos. Sin ellos me sería difícil vivir, y ser yo mismo. Cuantas cosas les tengo que agradecer a ellos. Y hoy reconozco que mis amigos existen por dos motivos: para ellos ser de bendición a mi vida, y mi vida ser de bendición para ellos. Hoy te ofrezco mis amistades. ¿Debemos reunirnos para compartir en un pequeño grupo? ¿Qué opinas?*